現代経済と資本主義の精神

――マックス・ウェーバーから現代を読む

はしがき

二〇〇一年九月一一日のアメリカでの同時多発テロが世界史的な出来事であったとすれば、〇五年九月一一日に行なわれた日本の総選挙での自民党の圧勝は、いい意味でも悪い意味でも日本の歴史にのこるものとなるだろう。アメリカでの同時多発テロでそれまでの戦争の概念が変わり、日本での総選挙の結果、第二次大戦後に形成された日本の政治・経済システムが根本的に転換する分岐点となる可能性が高いからである。

自民党は、この総選挙を郵政民営化一本でたたかった。本来、下院である衆議院の選挙は、国家の基本政略について民意をとうものである。にもかかわらず、なぜ、自民党が歴史的勝利をおさめたのか。それは、十分な構造改革が行なわれたわけでもないのに、民間企業の血のにじむような経営努力のおかげで平成大不況が終了したので、それまで主張してきた「改革なくして成長なし」が正しいということになってしまったこと、自民党内の権力闘争を新しい時代に向けたたたかいであると国民に錯覚させることに成功したことによる。じつは、このことは、一〇〇年以上前のビスマルク時代の帝政ドイツとよく似ている。

ビスマルクは、一八七一年にドイツを統一してドイツ帝国を建設し、「鉄と穀物の同盟」を合言葉に、ドイツを一流の重化学工業を有する世界の大国に押し上げた。「社会主義者鎮圧法」を制定する反面、社会福祉をある程度充実させるという「あめとムチ」の政策を絶妙に織り交ぜた。国民的人気は沸騰し、「つべこべいわずにビスマルク」とまでいわれた。負の部分を巧妙に覆い隠して、ばら色の部分だけを強調して国民的人気をあおる「劇場型」政治の原型は、まさに帝政ドイツのビスマルクの手法にもとめることができるだろう。

このビスマルクの負の遺産を徹底的に批判した人物こそ、ドイツの社会学者マックス・ウェーバー（Max Weber）にほかならない。

帝政ドイツ成立から第一次大戦にかけてドイツは、重化学工業の母国として世界史の表舞台に登場した。だが、ドイツ帝国は、ついに第一次大戦の敗北で瓦解した。それは、第二次大戦での敗北後、戦後の日本が実現した戦争の放棄、平和産業の振興といいもの作り国家、「一億中流社会」などがガラガラとくずれつつある現在の日本の姿に重ね合わされる。このまま事態が推移すれば、九・一一総選挙での自民党圧勝の顚末は、悲惨なものとならざるをえない。

「小さな政府の実現」の名のもとに福祉が切り捨てられる、反面で、大企業にはビジネスチャンスが拡大する。金儲けのためならば、人の命すらかえりみない職業倫理・企業倫理の欠如はきわめて深刻である。ほんの一握りの「勝ち組」が闊歩し、浮利を追うマネーゲームが横行する一方で、社会的弱者が切り捨てられつつある。憲法「改正」により、アメリカと一緒になって世界中で対テロ戦争が遂行されようとしている。第二次大戦後、日本がようやくたどりついた「一億中流社会」と戦争放棄の誓いが音をたててくずれつつある。

二〇〇六年九月に交代した政権は、再チャレンジを合言葉に、前政権の負の遺産を克服しようとした。しかしながら、弱者切り捨てとアメリカ型市場原理主義導入路線を継承するばかりか、教育基本法の改正による「愛国心」の植え付け、憲法「改正」を志向するとともに、現行憲法での集団的自衛権の行使容認、明言しないが靖国参拝の継続など右傾化を急速に進めようとした。諸外国では、「ナショナリスト」とまでいわれた。

わたしたちは、二一世紀の日本のかたちとして、弱者切り捨てと戦争への道をゆるしていいのだろうか。断じて否である。わたしは、社会的弱者に優しい経済システムを維持し、かたくななまでのいいもの作りの精神を有し、経済・政治統合によって、平和で豊かなヨーロッパの実現をめざすドイツの生き方が日本の進むべき道の一つの方向をしめしていると思う。ドイツ経済も変化してきているが、堅実経済の思想を守りつづけている。

じつは、その基本思想をくわしく分析したのが帝政ドイツのビスマルク期から第一次大戦にかけてドイツで活躍した社会学者マックス・ウェーバーであった。ウェーバーは、帝政ドイツの政治・経済・社会システムなどにたいする批判的論陣をはった。わたしは、マックス・ウェーバーの業績について体系的に勉強したことはないが、戦後ドイツの経済政策理念である社会的市場経済原理の源流の一つとして、いくつかの著書を読んできた。

ウェーバーは、プロテスタンティズムの禁欲的倫理が資本主義の精神を生み出したが、アジアには、そのような精神がなかったので、資本主義が自律的に発展することはなかったという。

官僚制や大国としてのドイツのあり方、国民の意識などの側面を別にすれば、ドイツもイギリスも、資本主義の発展というかぎりでは、西ヨーロッパということで同等に取り扱われている。とはいえ、現代では、米英の資本主義の類型とドイツの類型とはかなりちがっている。というのは、ドイツの社会的市場経済原理というのは、アメリカ型市場原理主義とちがって、競争原理を徹底的に機能させるものの、その結果、社会的公平性が阻害されるならば国家が経済過程に介入するという考え方だからである。

二〇〇五年三月期決算でのメガバンクの不良債権問題の解決によって、つらく長かった平成大不況もようやく終息をむかえた現在、わたしは、資本主義のあり方をとい、日本の政治・経済・社会システムをこれからどのように変革すべきかを模索している。そのとき、歴史上の大学者の業績から、現代をどう読み取るかという本書の執筆を思い立った。

ウェーバーの研究者でもないのにと躊躇したが、経済・職業倫理のいちじるしい欠如、弱者切り捨て、いいもの作りの放棄と金儲け万能の風潮の横行、戦争への道が危惧されるなか、ウェーバーの業績は、これからの世界と日本の進むべき道をさぐる上できわめて有効であると考えて本書を執筆した。

ウェーバーの業績は、政治、経済、社会、歴史、宗教、音楽など多岐にわたっている。浅学非才のわたしが、そのすべてを包括的に取り上げられるはずもない。すべてを詳細に読み込んだわけでもない。したがって、本書は、ウェーバーの業績を詳細に取り上げるというものではなく、あくまでこれからの資本主義と日本の政治・経済・社会システムのあり方を提示するための準備作業として、わたしなりにウェーバーを読み込もうとしたものである。

本書の出版にあたって、時潮社代表の相良景行氏、西村祐紘氏には大変お世話になった、心よりお礼を申し上げる次第である。

二〇〇七年六月

平和で真に豊かな世界をめざして

相沢幸悦

現代経済と資本主義の精神——マックス・ウェーバーから現代を読む／目次

序論　ウェーバーと現代

一　人間をみたウェーバー

治療法と診断

カール・レヴィットは、「ウェーバーとマルクス」（柴田他訳、未来社、一九六六年）において、つぎのようにいう。

「マルクスが『治療法』をあたえているのにたいして、ウェーバーは、一個の〝診断〟を下したにすぎない。」ウェーバーとマルクスのちがいは、資本主義をどのように解釈するかという点にある。ウェーバーは、普遍的でまぬがれがたい「合理化」という、中立的ではあるが、どうとでも評価することのできる観点から分析しているのにたいして、マルクスは、普遍的ではあるが、変革できる人間の「自己疎外」という、はっきりと否定的な観点から分析を行なっている。

要するに、ウェーバーは、資本主義は、「合理的生活原理」の軌道にのって発達したからこそ、人間生活の「運命を左右する」力となりえたというのである。

歴史というのは、人間の営みの世界であり、したがって、社会は、人間によって理解することができる世界であるというのが、ウェーバーの根本思想であるといえよう（高島善哉「マルクスとヴェーバー」紀伊国屋書店、一九七五年）。その方法は、ウェーバーの「主観的に思われる意味に従って、対象の世界を解明して理解する」という言葉に端的にしめされている。

ウェーバーは、人間と社会をその内側から、つまりその構造を組み立てている人間の行為の意味という観点から、資本主義社会を解明しようとした。人間というものは、文化という意味のある世界を作り出すことができるものであり、社会というものは、人間によって作り出された諸価値の連関、すなわち意味連関の世界なのである。

社会というものは、本質的に自然とちがって、文化の世界であり、人間の行為の世界である。人間の行為というのは、主体的人間の存在の仕方であり、それは、人間の内面から理解されなければならないのである。社会のなかで生き、社会のなかで行為している人間を、その生活原理や行為にそくして内側から把握しようということ、これが「解明して理解する」ということである。

ウェーバーは、マルクスのいうような歴史の進展における経済の重要性をみとめながらも、政治、教育、宗教の世界においてみとめられる人間の主体的な本性を重視しており、これをエートスという言葉であらわしている。エートスというのはギリシャ語であるが、宗教倫理にもとづく経済信念、その信念につらぬかれた生活態度や倫理的態度のことである（岡澤憲一郎「マックス・ウェーバーとエートス」文化書房博文社、一九九〇年）。

経済が土台か

マルクスは、経済が土台で政治などが上部構造であるという。したがって、経済構造が変化していけば、政治、社会などの構造が変化していくということになる。すなわち、資本主義社会の発展を、自然史的過程としてとらえたのである。もちろん、歴史や社会の動きを自然のそれと同じとするいわゆる自然主義ではない。

もし、自然主義であれば、経済構造が上部構造と齟齬をきたした場合、まさに自然に資本主義の最後の鐘がなるはずだからである。しかし、マルクスは、資本主義の最後の鐘をならすのは、労働者であって、労働者が主体となる革命によって、「収奪者（資本家）が収奪される」のである。

マルクスは、商品と同じように自分自身を資本家に「売却」しなければ生きていけない労働者、無一物のプロレタリアートに、変革主体としての「人間」をみていた。したがって、資本主義が崩壊し、共産主義に移行すれば、搾取され、収奪されてきたプロレタリアートが真の人間として、自立した人格として全面開花するということになるのである。

しかしながら、その後の資本主義は、マルクスがいうようには進まなかった。

たしかに、一九一七年にロシア革命が勃発し、歴史上はじめて社会主義国家が成立した。帝政ロシアで圧制と貧困に打ちひしがれた労働者が立ち上がって、社会主義革命が成功した。しかしながら、当時のロシアでは、資本主義が成熟し、社会主義の経済基盤がととのっていたとはいいがたかった。さらに一九四九年の中国革命もそうであった。

ましてや、第二次大戦後、東ヨーロッパ諸国が社会主義に移行したのは、旧ソ連によってファシズムから解放された結果であった。だから、東ヨーロッパ諸国では、早くから反ソ連の運動が高まったのである。結局、一九八〇年代後半に自由化の道をあゆんだ。

かくして、一九八九年に「ベルリンの壁」が崩壊して九〇年に東西ドイツが統一し、まもなく旧ソ連も崩壊して冷戦体制はついに崩壊した。中国は、社会主義市場経済というかたちで資本主義に回帰している。このような事態をみて、マルクスの理論がまちがっていたと断定することはできない。資本主義の経済構造がいちじるしく変化してきたので、まだ共産主義に移行するだけの経済的土台がととのっていないだけのことかもしれないからである。

資本主義は、第一次大戦後、金本位制から管理通貨制という経済構造の転換と国家の経済の介入というかたちで、恐慌を回避できるようになった。工業国の労働者の生活水準も相対的に向上し、いまのところ共産主義への移行を担う主体とはなりえていない。

ところが、資本主義が延命をはかるうちに、さまざまな矛盾が生じてきている。バブル経済、マネーゲームや投機の横行、金儲け一辺倒による職業倫理・企業倫理の欠如、弱者の切り捨て、テロと対テロ戦争などの深刻化などなど。このような事態は、資本主義から共産主義に移行することでは解決されないだろう。

そのためには、一つは、古典派経済学者であるJ・S・ミルが主張するように、分配を変えるということ、すなわち、「勝ち組」だけを優遇するのではなく、労働者への分配を厚くすること、もう一つは、ウェーバーが主張するように、節約と倹約という資本主義の精神を取り戻すことが不可欠である。

二　現代の預言者

資本主義の精神と経済倫理

父親とのいさかいなどさまざまなことがあって、精神的に不安定となったウェーバーは、一九〇一年から〇二年にかけてローマや南イタリアへの旅行に出た。

永遠の都ローマの太陽と壮麗さ、南イタリアの光り輝く壮観さに我を忘れているうちに、精神状態も回復のきざしがみえだし、いろいろな本を読みはじめた。とくに、修道院の歴史、制度、財政にかんする研究を行なったが、それは、プロテスタンティズムの研究につながっていった（マリアンネ・ウェーバー著、大久保和郎訳「マックス・ウェーバー」みすず書房、一九五三年）。

ウェーバーは、イタリア旅行を終えてしばらくした一九〇三年の後半あたりから、有名な論文「プロテスタンティズムの倫理と資本主義の精神」（大塚久雄訳、岩波書店、一九八九年）の執筆に着手した。第一章は、アメリカ旅行のまえの〇四年に初夏に書き終わり、第二章は、その一年後に出版された。その前提となったのは、ローマ滞在中に行なった中世の修道院と教団の歴史および制度についての徹底的な研究であった。

「プロテスタンティズムの倫理と資本主義の精神」は、対極的に対置された現象、すなわち宗教的意識内容と経済的日常生活とを一つの場所におき、さらにそれを超えて、社会生活のあらゆる重要な構造形式と宗教的なものとの関係を徹底的に追究した論文である。ウェーバーの一連の大規模な世界史的研究の第一級の業績である。

二〇世紀初頭、ウェーバーは、近代資本主義というのが、徹底的に利益を追求し、さかんな商業・金融活動を行なってきた前近代の資本主義を継承するものではなく、営利欲とはまったく逆のピューリタニズムの禁欲的倫理から生み出されてきたということを提起して人びとをおどろかせた。ちなみに、ウェーバーは、営利活動を行なうシステムをすべて資本主義とよんでいる。

衝動的な物欲への禁欲と富の追求・営利の開放が結び付くと、禁欲的節約による資本形成という方向に進む。儲けを消費にまわすのではなく禁欲するということは、ふたたび資本として生産的に使用するということになるからである。これは、獲得した利益を資本蓄積にまわす、すなわち拡大再生産により発展していくという資本主義のメカニズムそのものである。

資本主義がこのようにきびしい禁欲の精神をもって成立したので、実業家には、「ノブレス・オブリージュ（noblesse oblige－高い身分にともなう道徳上の義務）」という考え方が根底にそなわっていた。すなわち、浪費をしてはいけないので、実業家の利益は、資本として生産的に使用するもの以外は、社会に還元した。だから、ヨーロッパでは、国家だけでなく個人によっても社会的弱者の救済が行なわれているし、アメリカでも、成功した実業家などは財団を設立し、積極的に社会奉仕を行なってきた。最近ではビル・ゲイツがそうである。

大塚久雄教授によれば、資本主義の精神というのは、つぎのようなものであるという（『プロテスタンティズムの倫理と資本主義の精神』（大塚久雄訳、岩波書店、一九八九年、の訳者解説）。

第一に、初期資本主義、つまり「ようやく興隆しつつある中産的生産者層」のなかから近代の産業資本家がつぎつぎに成長してくる時期に、そうした人びとの成長を内面から推し進めた精神が「資本主義の精神」

である。しかしながら、勤労、節約、そのほかの特性がただちにウェーバーのいう「資本主義の精神」ではない。それはどこにでもみられることだからである。そうした個々のさまざまな特性を一つの統一した行動のシステムまでまとめあげているようなエートス、倫理的雰囲気、あるいは思想的雰囲気、そうしたエートスこそが「資本主義の精神」なのである。

第二に、近代資本主義、すなわち近代の産業経営的資本主義は、先進国からの輸入ではなく、人びとの内面から助長され、推し進められて歴史的に形成されたが、その精神が「資本主義の精神」である。

第三に、「資本主義の精神」の担い手には、資本家だけでなく、労働者もふくまれている。労働者は、勤務時間中は、楽をしようと考えるのではなく、あたかも労働が絶対的自己目的、すなわち天職であるかのようにはげむ。これは、長年の宗教教育の結果として生まれるもので、こういう行動様式を身に付けた労働者が大量にあたえられて資本主義的な産業経営の一般的成立が可能となった。

第四に、神からあたえられた天職として自分の世俗的な職業活動に専念した結果、意図せずに、資本主義の社会的機構ができあがると、こんどは、儲けなければ経営をつづけていくことができなくなってしまった。こうして、資本主義の社会機構が逆に禁欲を外部から強制するようになってしまった。こうなると信仰など内面的力は不要になり、信仰心がうすれていき、ついには、金儲けを倫理的義務として是認するようになった。これが「資本主義の精神」である。

このように、きびしい禁欲、労働が絶対的な自己目的であるという精神をもって成立したはずの資本主義が、どうしてあくなき利潤追求と金儲けに走るアメリカ型市場原理主義のようなものに変容していくのであろうか。ウェーバーは、戒律がきわめて厳格であったはずのピューリタニズムの生活理想が、ピューリタン自身もよく知っていたように、あまりにも強大な富の「誘惑」にまどわされないという試練にまったく無力であったという。

こうして、資本主義が成立していくと、熾烈な競争に勝つために、儲けなければならなくなった。少しでも多く儲けて、それを蓄積していかなければ、経営をつづけていくことができないからである。こうなると、信仰心もうすれていく。

ウェーバーは、その典型的な国としてアメリカをあげている。すなわち、営利追求のもっとも自由な地域であるアメリカでは、営利活動は、宗教的・倫理的な意味を取り去られていて、いまでは、純粋な競争の感情に結び付く傾向があり、その結果、スポーツの性格をおびることさえまれではないという。

とすれば、二〇世紀末から二一世紀にかけて、あくなき利潤追求を行なうアメリカの市場原理主義・株主資本主義は、資本主義として「純化」したのではなく、前近代的な資本主義に回帰したのだということになるのだろうか。

現代への継承

ウェーバー社会学が現代を正確に診断し、その処方箋を作成し、変革していく上できわめて貴重な研究であるというのは、「資本主義自動崩壊論」ではなく、人間を重視することの重要性を提示したからである。

それを大前提に、一つは、資本主義の精神の欠如、もう一つは、官僚制化の弊害《へいがい》と社会主義の崩壊、三つめは、政治の倫理性の欠如、四つめは、戦争にたいしてどのように対処するかという現代の諸問題を診断する上でウェーバーの研究はきわめて有効である。

ただし、ウェーバーの戦争にたいする態度には、いささか批判的にみなければならない側面があるし、ウェーバーによれば、日本はともかく、アジアは経済成長がいちじるしいが、宗教的観点から経済は成長しないはずである、などの問題もある。とはいえ、ウェーバーの研究をくわしく検証すれば、アメリカの単独行動主義や日本の憲法「改正」による自衛軍の創設、アジアの経済システムのあり方などを考える上で大いに参考になる。

一つめに、企業倫理の欠如、マネーゲームの横行、弱者切り捨てという現代資本主義の深刻な諸問題は、まさに、ウェーバーが主論文「プロテスタンティズムの倫理と資本主義の精神」において展開したことがじつに正確であったことをしめしている。

二つめに、ウェーバーは、道徳的にすぐれているがあまり能率のよくないドイツ官僚と、腐敗しやすいが正確な事務能力を持つアメリカ官僚との対比を行なった。この官僚化の問題は、官庁や企業だけで生じたものではなく、より広く「社会」の問題としてあらわれてきたことにある（安藤英治「マックス・ウェーバー」講談社、二〇〇三年）。

革命運動のロマン主義にたいしてウェーバーが反論したのが、官僚制化の問題であった。ソビエト・ロシアがその後、たどった道は、ウェーバーの洞察が本質を突いたものであったことを実証した。

三つめに、ウェーバーは、「職業としての政治」（脇圭平訳、岩波書店、一九八〇年）でつぎのようにいう。あらゆる政治行動の原動力は、権力（暴力）である。政治は、政治であって倫理ではない。そうである以上、この事実は、政治の実践者にたいして、特別な倫理的要求を突き付けずにはいない。このウェーバーの言葉は、二〇〇五年九月一一日の総選挙で圧勝した自民党の過去・現在・顚末をみる上できわめて示唆に富んだ言葉だろう。

四つめに、ウェーバーはいう(マリアンネ・ウェーバー、前掲書)。大国は、権力国家としての義務を負っているが、これは、「歴史にたいする責任」である。小国の自由を保障するものは、大国間の均衡だけである。ドイツの傘下には、小国家群があるので、ドイツは、権力国家たる義務として第一次大戦にかけなければならない。したがって、この大戦は、「民族の名誉が命じたもの」であって、「地図の書き換え、経済的利潤獲得のためではない」と主張する。アメリカの単独行動主義をこのウェーバーの立論から明確に批判するのは、むずかしいかもしれない。

最後に、ウェーバーは、アジアの神秘主義的な儒教や現世逃避的な仏教は、合理化をもとめる近代化とはあいいれないものであり、日本だけが西ヨーロッパ的な封建制を経験するとともに、資本主義を完成品として受け入れることができたので、早いうちに資本主義化が進められたという。

だが、二〇世紀から二一世紀にかけて、中国やインドなどのアジア諸国がダイナミックな経済成長をとげつつある。これをどうウェーバーから批判的に読み取るかが大事なことである。

第一章　日本の経済構造改革

一　構造改革の実態

自民党の圧勝

二〇〇五年九月一一日の総選挙で自民党は、二九六議席獲得という歴史的勝利をおさめた。連立与党である公明党とあわせると、衆議院で憲法「改正」の発議すらできる三分の二以上を獲得した。なぜ、構造改革を「推進」するという首相のひきいる自民党が圧勝したのか。

それは、自民党のなかに「与党」と「野党」を作り出すという奇妙な戦術を編み出し、それがずばり的中したことによるものである。欧米諸国には、だいたい二大政党があって、政治にたいする国民の不満は、政権交代というかたちで反映される。日本も本来であれば、国民に不満があれば、自民党から野党に政権が交代したはずである。

だが、一九九〇年代に一時的ではあるが下野し、野党の悲哀をあじわった経験から、なんとしてもそれを回避しようとする「構造改革推進」政権は、自民党内に抵抗勢力、すなわち「党内野党」を作り出した。郵政民営化法案に反対する勢力を「抵抗勢力」として追い出せば、自民党は新しい政党に生まれ変わったということになるからである。

ウェーバーは、「職業としての政治」（脇圭平訳、岩波書店、一九八〇年）において、人民投票的指導者には、二つの種類があるといっている。

一つは、指導者なき民主制、つまり天職を欠き、指導者の本質をなす内的・カリスマ的資質を持たない「職業的政治家」の支配、いわゆる「派閥支配」、もう一つは、名望家の虚栄心や自説に固執して、故障をおこしたりしない「マシーン」をともなう指導者民主制、の二つである。

「構造改革推進」首相は、二〇〇一年四月に政権の座につくや、国民をびっくりさせ、支持率をあげるために、所属する自民党をぶっつぶすといったが、それはあくまで対立派閥をつぶすということにすぎなかった。実際に総裁派閥である旧森派（旧福田派）が肥大化するというかたちで、旧田中派の自民党支配が終結した。

ただし、指導者民主制に移行したとしても、「構造改革推進」首相が虚栄心や自説に固執するものの、故障をおこしたりしない「マシーン」であったところに日本の政治の悲劇があった。従来の自民党総裁は、すぐに故障をおこす「マシーン」であったが、この総裁は、民心を引き付ける術策が巧妙だったからである。

「党内野党」戦術は、明治維新とよく似ている。明治維新は、それまでの支配者であった上級武士に代わって、下級武士が権力を奪取するというもので、ヨーロッパで近代化を成し遂げる前提として行なわれた市民革命などではなかった。ウェーバーも市民革命ではないといっている。

自立した市民による資本主義が形成されなかったので、明治維新以降、日本は、きわめて封建的な残滓をひきずりながら、軍事力を強化しなければならなかった。だから、庶民は、絶望的な貧しさのもとにおかれた。

変人といわれた「構造改革推進」首相が運よく政権の座につくやいなや、みずからの所属する「下級武士」たる旧福田派が「上級武士」たる旧田中派から権力を奪取する戦術を取った。すなわち、まず旧田中派を「抵抗勢力」として切り捨てた。

天文学的財政赤字を減らすために、無駄な公共投資をけずることに、広範な国民の支持はえられる。そうすれば、公共投資によって全国の建設・土建業をたばね、強力な選挙基盤としてきた旧田中派は、資金源を断たれて息の根がとめられる。旧田中派を骨抜きにしたら、つぎに権力奪取の完成形態として行なったのが、郵政民営化に反対する勢力の一掃であった。

こうして、「構造改革推進」首相は、九・一一総選挙を「郵政民営化に賛成か、反対か」の一点にしぼってたたかった。

それは、ウェーバーが「職業としての政治」において強調したような、大衆を動かすためにもっぱら人びとの情緒に働きかけるものであり、その演説は、民営化反対論者はまさに「国賊」だといわんばかりのものであった。ウェーバーは、そのようなことを「大衆の情緒性を利用した独裁制」とよんだが、九・一一総選挙の結果は、まさにそのとおりであった。

郵政民営化法案に反対した自民党の「抵抗勢力」の選挙区には、民営化賛成の対抗馬を擁立した。いわゆる「刺客」である。ウェーバーは同書でいう。「ボスは、はっきりした政治『原則』を持たない。党の古い名望家が何度も立候補するのではなく、選挙で人気が出るとボスのほうで判断すれば、党に関係のないインテリや有名人でも、しばしば立候補できる」と。わたしたちでもまったく予測できなかったことを、ウェーバーはわかっていたのだろうか。

郵政民営化法案が国会で審議されているときには、地方では、庶民金融機関である郵便局がすくなくなり、遠くの郵便局までいかなければならなくなる、田舎いじめの法案だということだったのに、どういうわけか、参議院で否決されて総選挙に突入すると、これは、日本経済の根本的な構造改革を進める画期的法案だということになってしまった。

「構造改革推進」首相は、テレビを最大限利用した最初の政治家だといわれた。ウェーバーは、立憲国家、とくに民主制が成立して以来、「民衆政治家（デマゴーグ）」が西ヨーロッパにおける政治指導者の典型となっているといった。「構造改革推進」首相が、ウェーバーがいうような「デマゴーグ」かどうかはともかく、民衆「指導」で演説という手段を利用し、「劇場型政治（二〇〇五年の流行語大賞となった小泉劇場）」を演出したのは事実である。ウェーバーは、もしかしたら、このようなことを予測していたのだろうか。

「独裁」政権の登場

この郵政民営化一点にしぼって総選挙を行なうというのは、かつてヒトラーがもちいた方法に酷似している。その理屈はこうである。大衆は賢くない。賢くない大衆にむずかしい話をしてもわからない。だから、簡単なことをくりかえす。「ベルサイユ条約を破棄し、ドイツの威信を取り戻せ。国民にパンを」と。ヒトラー語録のきわめつけは、「嘘も百遍繰り返せば、本当になる」だろう。

自民党の「抵抗勢力」だけでなく、野党民主党も郵政民営化法案に反対したので、「抵抗勢力」にされてしまった。だから、半分にはたりなかったが選挙民は、郵政民営化を推進するという自民党に投票したのだろう。なぜなら、構造改革を「推進」する自民党が敗北すれば、結局、構造改革への「抵抗勢力」が日本の政治を支配するようになり、平成大不況期のような閉塞状態を打開できないという思考回路に誘導されてしまったからである。ウェーバーが批判したビスマルクといえども、ここまで庶民をまどわすことはなかったかもしれない。

こうして、庶民は、九・一一総選挙で構造改革を「推進」する自民党に政権担当の「白紙委任」をしたことになった。

このような総選挙というのは、市民革命をへた民主主義国家ではありえないことである。下院である衆議院の選挙というのは、政治・経済・社会システムのあり方などの基本政策や国家戦略の構築について政党同士で争うものだからである。事実、直後の九月一八日にドイツで行なわれた総選挙は、ちょうど出張がかさなったのでテレビでみたが、与党と野党の間で熾烈な政策論争が行なわれていた。

もちろん、構造改革を「推進」するという自民党は、郵政民営化くらいできないで、改革ができるかという論理で九・一一総選挙をたたかった。すなわち、「民のできることは民に」移管すれば、「大きい政府」から「小さい政府」に移行し、活力ある経済システムを構築できるというわけである。ここに、この総選挙の本質があった。

構造改革を「推進」するという自民党が圧勝した結果、一度否決された郵政民営化法案がまったく修正もされずに、衆議院と参議院で可決・成立した。

前回、反対票を投じた自民党議員の多くが、賛成にまわった。民意に従うという理屈であるが、それでは、前回の反対というのは、民意を反映していなかったのかということになる。
自民党の「構造改革推進」勢力が圧勝したことにより、自民党のなかの抵抗勢力は壊滅した。ウェーバーは、「職業としての政治」において、つぎのようにいっているが、いまの自民党員のことでは、と錯覚してしまう。

凡庸な人間から成り立っている政党の抽象的な綱領のためだけではなく、あるひとりの人間のために心から献身的に働いているのだという満足感—すべての指導者資質にみられるこの「カリスマ的」要素、がかれらの精神的な動機の一つである。

ウェーバーのいうように、総選挙後、総理によって任命された大臣と自民党執行部は、改革争いに血道をあげたが、これは、まさに「カリスマ首相」への忠誠心争いの帰結だったのであろう。
かくして、「構造改革推進」政権の政策に反対する自民党議員はいなくなった。反対すれば、抵抗勢力の烙印をおされるからである。まさに「構造改革推進独裁政権」の登場であった。国会の三分の二は、政権の遂行する政策の追認機関となった。まさに、かつての「大政翼賛会」である。
ウェーバーは、同書でつぎのようにいう。

党員が期待するのは、選挙戦における指導者個人のデマゴーグ的効果が得票と議席を、したがって、権力をもたらし、その結果として、自分たちの望んだ報酬を手にいれるチャンスが最大限に広がることである。

ウェーバーは、このときの自民党の圧勝を予期していたのであろうか。日本が市民革命も経験せずに、自立的な市民と個人による資本主義が発展しなかったことの重いつけなのだろうか。

ヒトラーとの類似性

九・一一自民党圧勝の経緯は、ヒトラーの政権奪取とよく似ている。政権奪取までヒトラーは、一九二九年大恐慌が深刻化するなかで、ドイツ民族の誇りの回復と雇用の確保を前面にかかげて議席を伸ばした。食うや食わずの状態で、実現性はともかく、威勢のいいヒトラーの言葉にすがることで、人びとは、将来への希望をつないだのであろう。

ただ、歴史の悲劇は、ヒトラーの政権奪取というのが、大恐慌が底入れした一九三三年一月とぴたりと一致したことである。

だから、選挙公約をヒトラー政権で実現することはそれほどむずかしいことではなかったのである。恐慌が底入れすれば、あとは「自立的」に景気が回復するだけなので、人びとは、パンとバターを手に入れることができた。ヒトラーだからできたわけでもなかったが、人びとは、ヒトラーのおかげだと誤解した。

「構造改革推進」首相はといえば、どうだったのか。

政権を奪取した二〇〇一年四月というのは、平成大不況もすでに一〇年以上経過し、金融機関の不良債権も膨大な公的資金の投入で、処理されつつある時期であった。ただ、大不況がついにデフレとなって発現して、深刻化したので、日経平均株価は、人気のわりには下がりつづけ、〇三年四月二八日には、バブル崩壊以降の最安値七六〇七円八八銭をつけた。だから、「改革なくして成長なし」というワンフレーズというのも、しばらくは観念的なものにすぎなかった。

だが、運よく、株価は、二〇〇三年四月にとりあえず底入れした。それは、政府がつづく五月に、経営危機におちいった銀行グループ（りそなグループ）に、じつに二兆円という膨大な公的資金を投入して、銀行をつぶさないというメッセージをマーケットにおくったからである。

構造改革を「推進」するという政権が登場してまもなく企業経営者は、構造改革なるものに中身がないことを思い知らされた。

そこで、政権をまったくあてにせず、独力で経営合理化・効率化を進め、減収でも増益を実現した。従来のように、公共投資の増額など余計なことをしないだけましな政権ではあったが、構造改革というのは、かけ声だけだったのである。実際に行なったことは、企業の収益性を上昇させるために、企業減税のほか、正規労働から派遣、パート、アルバイトなどの非正規労働への切り替えを容易にしたことぐらいである。

こうして、二〇〇三年五月あたりから景気が上向いた。「改革なくして成長した」のである。そうすると、「論理的」には、それは、構造改革が断行されたからだということになってしまった。五年半の在任中、「構造改革推進」政権がまれにみる高支持率を維持しつづけた大きな理由の一つがここにある。

ヒトラーといえば、その本質である世界支配の野望を実現するために、ひとたび政権の座につくとただちに「全権委任法」を成立させ、独裁政治を行なった。

ヒトラーは、ポルシェに命じてフォルクスワーゲン（いわゆるかぶと虫）を製作させたり、軍事的要請によるものであるが、全国的な高速道路網であるアウトバーンを建設することなども行なったが、その本質は、戦争経済の構築と軍事力による世界支配の野望、ユダヤ人の迫害であった。その顚末は、数千万人の犠牲者を出した第二次世界大戦という悲惨な世界戦争であった。

人民投票制大統領に強大な権限をあたえて、官僚をおさえれば、いい社会がくるというウェーバーの考え方が、ワイマール憲法に踏襲され、結局は、ヒトラーを生み出し、ファシズムに利用されたといわれることもあるが、そうはいえないだろうと思う。

二　マネーゲームの横行

浮利をもとめる時代

二〇〇五年二月八日、日本にアメリカ型株主資本主義を強引に持ち込もうとするライブドアによるニッポン放送株買占めの事実があかるみに出ると、国論を二分するさわぎになった。ここで、アメリカだけでなく日本でも、情け容赦なく、なりふりかまわず金融収益の追求を行なう株主資本主義が「美徳」とされるような危険性が出てきた。

それは、バブル経済が崩壊して平成大不況におちいってしばらくすると、政府が日本版金融ビッグバンと称してアメリカ型の経済・金融システムをそのまま日本に持ち込もうとしたことによるものである。当時、どんなことをしても利潤をえようとするアメリカ型市場原理主義が絶好調をむかえていたからである。なんとかして、平成大不況を克服して、アメリカのように経済を興隆させたいという、日本政府のはかない願望からであった。

おかげで、いまでは、日本のマーケットは、情け容赦なく金融収益の追求を行なうアメリカ金融資本だけでなく、日本の新興ネット企業などによる草刈場と化しつつあった。ライブドアによるニッポン放送株買占めのために必要とされた膨大な資金などは、アメリカ金融資本の全面的な資金支援によって可能となった。ライブドアは、ニッポン放送株の買占めに成功したものの、フジ・サンケイ・グループの抵抗にあって、あまりうまみがないとなったら、つぎは、虎視眈々とねらっていたフジテレビ本体にTOB（株式公開買い付け）をかけようとした。

しかも、買収もしていないのに、買収先の資産を担保に資金を調達してTOBをかけるLBO（レバレッジド・バイアウト）という手法を使おうとした。LBOは、アメリカで一九八〇年代にさかんに行なわれたが、当時、どうしてそんなことができるか不思議でたまらなかったことをおぼえている。

数千億円の買収資金が必要だが、この資金は、すべて後ろで糸を引くアメリカ金融資本が出すはずであった。アメリカ金融資本は、あまり表には出ないようにした。というのは、日本政府が破綻した旧日本長期信用銀行の再建を直接アメリカ金融資本にゆだねたとき、五兆円もの日本国民の「血税」を拠出して、不良債権を処理したのに、結局、アメリカ金融資本に数千億円も儲けさせたとして、国民のごうごうたる批判をあびたからである。

そこで、結局は失敗したが、アメリカ金融資本は、自分に都合のいい、なんでもいうことを聞く「操り人形」をさがし、その黒幕としてマネーゲームをしかけ、破綻した長銀のケースのように膨大な金融収益をえようとした。アメリカ金融資本が提供できる資金力というのは、われわれの常識を超えている。数千億円、数兆円単位などなんでもない。実際に、アメリカでは、数兆円規模のM&Aも行なわれている。

こうして、ニッポン放送株とフジテレビ株争奪劇は、どんなことをしても金を儲けようという弱肉強食型の経済・金融システムが本格的に日本に上陸する幕開けをつげるできごとであった。その後、一〇月になると通称村上ファンドによる阪神電鉄株の買占め、ＩＴ企業の楽天によるＴＢＳ株の買占めなどが続発した。

このようなマネーゲームで金儲けすることを官民あげてはやしたてるごとき風潮を、ウェーバーは、「一般社会経済史要論下巻」（黒正巌他訳、岩波書店、一九五五年）で痛烈に批判している。「重商主義は、資本主義的営利経営の観点をひろく政治にまで持ち込む。国家は、資本主義的企業家以外のなにもふくまず、ただ資本主義的企業家だけから成り立っているようにあつかわれる。」

結局、二〇〇六年になるとライブドアの堀江元社長と村上ファンドの村上元代表が逮捕されたが、ウェーバーにいわせれば、金融ビッグバンという国家ぐるみのマネーゲーム促進策の帰結が敵対的買収の横行であるということになるだろう。

会社の売買

アメリカでは、だいぶ前から、会社を「金融商品」として売買して儲けるということがさかんに行なわれてきた。日本では、バブル期に土地が「金融商品」としてさかんに売買された。しかし、欧米では、土地をころがして儲けるという発想はあまりないようである。土地は創造主たる「神」が作ったものだから、プロテスタンティズムの倫理からいくとゆるされないからであろうか。

だから、ほかならぬ人間が作った会社を売買して儲けることは、「倫理的・道徳的」な側面を別にすれば、なんら問題はないということになるのだろう。

ところが、日本では、会社を「金融商品」として売買して金儲けをすることなど考えられないことで、会社をむりやり買収する人は、おうおうにして「乗っ取り屋」として忌み嫌われた。日本の株式市場も法人企業や機関投資家をのぞけば、ほんのひとにぎりの株好きの人の世界であった。だから、証券取引所のある日本橋兜町は「しま」とよばれ、独特の市場用語がとびかう世界であった。銀行中心のシステムはダメなので、証券市場を活発化させようということになったものの、それでもやはり、プロの世界のままである。

ライブドアによるニッポン放送買収劇が日本社会に「貢献」したとすれば、M&Aや株式・市場用語を理解することの必要性と会社が日常的に売買される時代がきたことを、日本の人びとに認識させたことにある。

朝起きてみたら、みたことも聞いたこともない新興企業に会社が乗っ取られていたということが、いつおきてもおかしくない時代がきたことを企業経営者にしらしめたことである。それを覚悟した上で企業経営にはげまなければならない。いい加減な経営をしていたら、乗っ取られるということであれば、それはそれとして日本経済にとって有益である。

その半面で、一九八〇年代にアメリカでさかんに行なわれたマネーゲームとしてのM&Aはあまりにもひどいので、いまでは、その本家アメリカでもやめようということになっていることを、われわれは知っておく必要がある。「いずれ俺のものになるから」と、相手の資産を担保にして金を借りて買収をかけるなどだれがみてもおかしい。M&Aというのは、あくまで経営の効率化、もの作り経済の発展に役立つものでなければならないと思うからである。

したがって、ウェーバーが「プロテスタンティズムの倫理と資本主義の精神」において、「貨幣を渇望する『衝動』の強弱というものに、資本主義とそれ以前に差異があるわけではないし、金銭欲は、われわれの知るかぎり人類の歴史とともに古い」というが、それが、資本主義を発展させたわけではないという意味がよくわかる。

新しい時代の到来か

ウェーバーは、同書でつぎのようにいう。「『倫理』の衣服をまとい、規範の拘束に服する特定の生活スタイル、そうした意味での資本主義の『精神』が、なにはさておき遭遇しなければならなかった闘争の敵は、ほかならぬ伝統主義とも名づけるべき感覚と行動の様式であった。」

だが、日本経済・金融システムの不合理さと閉塞状況に風穴をあけたとされる堀江ライブドア元社長は、Tシャツをきて連日マスコミに登場した。背広にネクタイというのは、半ズボンに靴下という封建時代の貴族に対抗した新興ブルジョアジーの抵抗のシンボルであった。新興ブルジョアジー（市民）は、封建制を打ち倒し、資本主義を作り上げた。そのシンボルである背広とネクタイを拒否するライブドア元社長は、旧勢力を打ち倒し、新しい時代のさきがけとなる変革の旗手にまつりあげられた。

しかし、資本主義生成期の新興ブルジョアジーは、かのマックス・ウェーバーにいわせれば、禁欲をむねとする敬虔なプロテスタントであって、「金さえあればなんでもできる」「人の心も金で買える」という世界とは、まったく無縁であったことを、われわれは、深く肝に銘じなければならない。人のために、いいものを作り、人びとに喜んでもらうという資本主義が成立して、歴史上はじめて工業国の人びとは「飢餓」の恐怖から解放された。

資本主義以前の高利貸しは、相手がどうなっても貸したお金を取り立てた。お金を借りたら返すのはあたりまえだからである。利潤の控除としての金利概念が成立しておらず、生活資金から高利で借りた資金を返済することは大変なことであった。高利貸しにとって、金儲けがすべてであったので、最後は、身ぐるみはがしていった。金儲けがすべてのアメリカ型市場原理主義が前近代的なシステムであるというのはいいすぎであろうが、本来の資本主義の精神からいちじるしく逸脱しているのではなかろうか。

ライブドアは、粉飾決算を行なって、何人かの役員が逮捕されたが、二〇〇五年二月のニッポン放送株買占めそれ自体は、「良識」とか「道徳心」などをわきにおけば、とりあえず合法的行動であり、このようにして儲けさせる可能性を生み出すような経営を行なってきたフジテレビ経営陣の問題であった。親会社（ニッポン放送）が子会社（フジテレビ）よりはるかに小さければ、すくないお金で巨大な企業グループを買収できる。それを実行しようとする輩が出てきても仕方ないことである。結局、フジテレビがライブドアからニッポン放送株を事実上の高値で引き取らざるをえなくなった。

相場師・投機家や投機的金融資本というのは、このような経済・経営の不合理さを突いて儲けようとする資本形態である。要は、投機的金融資本にしても相場師・投機家にしても、経済学的には、経済運営の不合理さを是正する「必要悪」的な存在である。日本経済もその程度はともかく、このような株主資本主義の段階に到達しつつあるということなのである。

しかしながら、お金を右から左に動かすだけで、膨大な浮利がえられるようなことが横行すると、「額に汗して、よりいいものを作る」という日本のよき伝統・美風がくずされる。したがって、経済政策担当者や企業経営者は、投機的金融資本や相場師・投機家に莫大な浮利をみすみす「献上」するような経済・金融システムのゆがみを放置してはならない。不合理な企業経営を行なってもいけない。ニッポン放送株と阪神電鉄株の買占め騒動は、そのことをわれわれに教えている。

マネーゲームの本格化

二〇〇五年九月二六日に元通産官僚の村上世彰氏率いる投資ファンド（通称村上ファンド）が株式大量保有報告書を提出し、阪神電鉄株の大量取得が発覚した。

二〇〇五年一〇月一三日には、楽天がTBS株一五・四六％の大量取得を公表した。市場での購入である。同時に、村上ファンドも九月末で七・四五％保有していた。村上ファンドのねらいは、安値購入、高値売却である。村上ファンドは、事前にTBS株を購入しており、楽天による買占め発覚で株価が高騰し、結局、売りぬけて一四〇億円もの利益をふところにいれたといわれている。

「マネーゲーム型」投資ファンド（たとえば村上ファンド）の影の部分をみてみよう。

ニッポン放送株買収劇では、インサイダー取引が村上逮捕の容疑となった。村上ファンドがニッポン放送株を買占めたのち、ライブドアが買占め、高値売り抜けでぼろ儲けしたが、村上ファンドがTBS株を買占めたのち、楽天が買占め、高値売り抜けでぼろ儲けした。もし、阪神電鉄株を外資などの「マネーゲーム仲間」に買わせてから、大量株式保有を公表したとすれば、「マネーゲーム仲間」が労せずしてぼろ儲けできる。これはインサイダー取引ではないかもしれないが、高値づかみさせられた個人投資家は甚大な損失をこうむるだろう。

もちろん、多少のメリットもある。東京スタイルの株主代表訴訟では、社長に会社への一億円の賠償を行なわせた。取締役会の決議なしに破綻したマイカル関連債を購入して会社に損失をあたえた責任を取らせたのである。

このように、企業経営に緊張感をもたらしたこと、不合理な資本形態や株価形成、経済・金融システムは投機の対象になるので、経済の合理化がある程度はかられるという点は、多少は評価してもいいかもしれない。

ここで、深刻な問題は、二〇〇五年二月にニッポン放送株買占めでひんしゅくをかったライブドア元社長が、九・一一総選挙で、郵政民営化反対の急先鋒候補者の選挙区に立候補すると早速、自民党が支持を表明したことである。これは、マネーゲームに政権与党が「お墨付き」をあたえることになってしまった。かくして、日本の誇りであったもの作り国家が崩壊する危機にさらされた。

ウェーバーがいうように、「人は、『生まれながらに』できるだけ多くの貨幣をえようと願うものではなく、むしろ簡素に生活する、つまり習慣としてきた生活をつづけ、それに必要なものを手にいれることだけを願うにすぎない。」われわれは、「貨幣の獲得を人間に義務づけられた自己目的、すなわち天職とみるような見解が、ほかのどの時代の道徳感覚にも背反するということは、ほとんど証明を要しない」というウェーバーの言葉を肝に銘じなければならない。

結局、ライブドアの堀江元社長は、二〇〇六年一月に旧「証券取引法（現「金融商品取引法」）」違反容疑で、村上ファンドの村上元代表は、同年六月にニッポン放送株をめぐるインサイダー取引容疑で東京地検特捜部に逮捕された。ライブドアの元社長や村上ファンドの村上元代表は、違法行為を行なって金儲けをした犯罪容疑者である。だが、村上元代表の犯罪容疑は、ニッポン放送株買収をめぐるものであって、阪神電鉄株買占めというのは直接の容疑ではなかった。

村上ファンドは、姑息な手段を駆使して阪神電鉄株を買占め、過半数を取ったら資産を根こそぎ売りはらうようなことをいって相手をおどした。その結果、「人のいい」ホワイトナイト・阪急電鉄に九三〇円という高値で買い取らせることに成功した。平均六九〇円で買占めた村上ファンドは、四七〇億円もの暴利をえた。「盗人に追い銭」とはこういうことをいうのだろう。

堀江・村上逮捕は、二〇〇五年四月の就任会見での「まじめに働く人が憤慨するような案件を摘発する」という東京地検元特捜部長などの意気ごみによるものであろう。

ミニバブルの発生

東京証券取引所（東証）は、システム障害のため、二〇〇五年一一月一日午前中の現物株式などの取引を停止した。同じシステムを共有している福岡と札幌の取引所でも売買ができなかった。四日には、名古屋証券取引所でシステム障害が発生した。

東証では、一九九七年八月にも立会い銘柄以外の全銘柄の売買が停止したが、世界有数の取引所である東証の全面的な取引の停止というのは、国際的にも前代未聞のできごとであった。

このシステム障害の直接的原因は、一〇月八日から一〇日にかけて行なった売買システムの増強ソフトの欠陥にあった。とはいえ、売買システムのソフトをくるわせるほどの異常な株式取引が、システム障害の引き金になったことも事実であるといわざるをえない。

要するに、一連の事態の本質は、当時、システム障害を続発させるほど株式取引が急増したことにある。株価が急騰したからであるが、その理由は、一つは、りそなグループへの公的資金の投入で、銀行をつぶさないというメッセージをおくったことであった。これは、外国金融資本に安心して銀行株を買わせる措置であった。政府は、株価急騰の仕掛け人に外国金融資本を選択したのであろう。

もう一つは、マネーゲームの横行であった。金融ビッグバンなるものは、日本のマーケットをアメリカ化し、アメリカ金融資本の草刈場にするものであった。IT（情報技術）革命を演出して、IT企業の新規公開で巨額の上場益をふところにいれさせる、世間をさわがせて株価を引き上げ、株式交換で多くの企業を買収して、買収した会社にかせがせてぼろ儲けする。極め付けは、株を買占めて高値で引き取らせる新型グリーン・メーラーの登場であった。

ニッポン放送株を買占めてフジテレビに引き取らせたライブドアと、阪急電鉄に阪神電鉄株を高値で引き取らせた村上ファンドは、まぎれもないグリーン・メーラーであった。金融ビッグバンによって、金融システムをアメリカ化したものの、マネーゲームが活発に行なわれることはなかった。どんなに批判されても、金儲けのためだけに行動するというプレーヤーがいなかったからである。堀江元社長・村上元代表は、そのプレーヤーとして登場したのである。

投資家から巨額の資金を集めて上場株に投資するいわゆる村上ファンドは、意図的に株価を引き上げて売りぬけ、膨大な利益をふところにいれる一種の「仕手筋」であった。村上ファンドが買った銘柄は上がるということになったので、個人投資家が殺到した。高値で買わされ損するのは、個人投資家であるにもかかわらず。

株式市場は、外国金融資本と個人投資家による「博打場」の様相を呈した。一九八〇年代後半に生じたバブルより手の込んだ新型バブルが到来した。

だが、堀江・村上逮捕をきっかけにして、株式市場もとりあえず落ち着きを取り戻した。もっとも、それは、企業優遇措置による収益の拡大で景気が回復し、株価が高騰したからである。ただ、増加した企業収益が被雇用者にほとんど還元されず、個人消費が冷え込んだままであって、景気の回復基調に疑問符が付けられていた。

証券市場というのは、本来、ウェーバーにいわせれば、人に喜んでもらうべく、よりいいものを作るために、企業が設備投資資金を調達する場のはずである。そのことによって経済も発展する。

企業買収もマネーゲーム型の敵対的買収でなく、企業と労働者はもちろんのこと、顧客にとっても有益で役立つものでなければならない。株式売買やマネーゲームで簡単に儲けられる人や合法的グリーン・メーラーが続々と登場すれば、額に汗して、油まみれで働くのが馬鹿らしくなる。そうすれば、いいもの作りでしか生きていくことのできない日本経済は崩壊してしまうであろう。

三　日本経済のあり方

暗黒日本の回避

九・一一の自民党圧勝は、戦後、日本が築き上げてきた「平等社会」「一億中流社会」が崩壊し、アメリカと手を組みながら、対テロ戦争にくわわり、貧富の格差が拡大する社会へと進む契機となるものであろう。日本社会がそのような方向に進むとすれば、二〇〇五年九月一一日は、まぎれもなく日本の政治・経済・社会の構造が大転換した日として歴史に記録されることであろう。

二〇〇六年九月に「構造改革推進」政権から新政権に交代した。

この政権は、「構造改革」路線を継承するものの、格差の拡大に対処すべく、再チャレンジをスローガンにかかげた。だが、その実態は、大企業優遇政策を継続することで、景気拡大路線をとれば、低所得者の嵩上げができ、結果として、格差が縮まるというものであった。だから、経済格差という問題を巧妙に回避して、さっそく教育基本法を改正して、「国を愛する態度を養う教育の推進」、そして、憲法の「改正」により、世界において「名誉ある地位」を占めようとした。新政権の右傾化が顕著になってきた。

憲法「改正」によって、集団的自衛権の行使が可能となれば、国際法違反のアメリカによるイラク侵攻に日本の自衛軍を派兵しなければならなくなる。アメリカによるイラク侵攻は、アメリカの自衛戦争だといっているからである。

もし戦争への道と経済・地域格差の拡大を拒否するとすれば、アメリカ依存型の政治・経済システムをやめて、アジア共同体への道に進まなければならない。

国内的には、中央集権制から道州制に移行し、地方に権限と税制を大胆に移譲したほうがいい。そうすれば、独創的なアイデアが出てきて、地方の活性化に役立つであろう。

経済的には、ドイツの社会的市場経済原理のように、競争原理を働かせながら、経済的不公正や不公平を是正するために政府が経済にコミットするというシステムがいいだろう。

二〇〇五年九月一一日というのは、戦争と環境破壊、弱者切り捨て社会に進むのか、あるいは、アジア共同体結成による平和の促進と環境保全、社会的弱者の手厚い保護、経済的公平性が確保される社会を作るのかという、するどい選択を日本国民にせまる日となった。

弱者の切り捨て

アメリカ型の市場原理主義を導入していけば、「大きな政府から小さな政府」へということで、福祉が切り下げられ、庶民の生活がいっそう利潤原理にさらされることになる。財界が経済構造改革なるものを支持してきたのは、ビジネス・チャンスが飛躍的に拡大することを期待してきたからである。かくして、ろくに金儲けもできない低所得者層や社会的弱者がばっさりと切り捨てられることになる。

すさまじい増税も行なわれている。日本の財政赤字は、欧米諸国と比べても異常だからである。本来は、歳出をとことん切り詰めるのがすじである。しかし、財務省は、予算配分の権限によって強大な支配力を持っているので、権限が低下する歳出削減にはかなり消極的である。日本は、まともな歳出削減をせずに、増税を行なう数すくない国の一つである。欧米とちがって、そのことにたいする、税金を払っている有権者のいかりはあまりない。

ただ、「構造改革推進」政権は、公共投資の削減だけは積極的に行なってきた。公共投資による経済成長政策というのが時代おくれになったということもあるが、本当は、公共投資による利権をひとり占めにしてきた旧橋本派（旧田中派）の力をそぐためであった。かくして、旧橋本派は事実上解体した。構造改革を「推進」した首相の所属する旧森派だけが水膨れした。

均衡財政は財務官僚の勲章である。八〇〇兆円を超える政府債務残高をかかえる現状というのは、財務官僚にはとうてい耐えられるものではない。ましてや、あのイタリアより悪い。構造改革推進のために痛みに耐えてくれといった首相に高い支持率が集まったので、すさまじい増税の嵐が吹きあれた。結果的に庶民は、痛みだけを押し付けられた。半面で大企業や金持ちは優遇された。そこから税金を取りすぎると経済の活力がうしなわれるというのが、アメリカ型市場原理主義だからである。

こうした事態にあたって、ウェーバーが「プロテスタンティズムの倫理と資本主義の精神」において、つぎのようにいっているが、じつに重みがある言葉である。

なんらかの技能的（熟練）労働だとか、高価な破損しやすい機械の取り扱いや、高度に鋭敏な注意力や創意を必要とするような製品の製造が問題となる場合には、低賃金は、資本主義の発展に役立たない。低賃金は、利潤をもたらさず、意図するものと反対の結果を生む。

なぜなら、低賃金の場合には、端的に高度の責任感が必要であるばかりか、すくなくとも勤務中には、どうすればできるだけ楽に、できるだけ働かないで、しかもふだんと同じ賃金が取れるか、などということを考えたりするのではなく、あたかも労働が絶対的な自己目的―天職―であるかのようにはげむという心情が必要となるからである。

だが、こうした心情は、人間が生まれつき持っているものではない。高賃金や低賃金という操作で直接作り出すことができるものでもなく、むしろ教育の結果としてはじめて生まれる。

ウェーバーのいうように、資本主義の精神は、企業家だけでなく、労働者にもそなわっていた。それが変質し、労働者の賃金を引き下げたり、正規雇用を派遣労働やパートにしたり、弱者を切り捨てるという風潮を打破するには、企業家が高い経済倫理をそなえること、労働者も教育によって、労働を喜びとするようにすることが不可欠であろう。

企業経営のあり方

一九九四年には企業部門が、ついに資金余剰部門となった。これは、経済全体としてみれば、企業は、自前で資金需要をまかなうことができるようになったということをしめしている。

余裕資金を運用するというのは、利潤追求を目的とする株式会社であれば当然のことであるが、それでも、専門の投資顧問や金融機関にまかせたほうがいい。低コストで資金を調達できるからといって、不要不急の資金を調達して、それを運用してサヤをかせぐというような財務行動も行なうべきではない。バブル崩壊でこりたように、結局、高いものについてしまうからである。

デリバティブなどに手をだして大やけどをすることもある。

経営者は、会社の所有者である株主の委託を受けて経営を行なうのであるから、経営に問題があったら、株主総会で徹底して説明し、理解してもらうべきである。欧米では、そのような場合、十数時間におよぶ株主総会を開催することもさほどめずらしいことではない。そこまでやらなければならないのである。株主とそれくらいわたりあえないようでは、社長の資格はないので、ただちにおひきとり願わなければならない。

総会屋への資金提供というのは、日本企業の体質そのものであったろう。「個人ぐるみ」とわけのわからないことをいって、結局は、会社ぐるみで行なってきたのである。サラリーマンである以上、だれも拒否できなかったのかもしれないが、そういう経済システムを根本的に変革しなければならない。

これからの日本の企業経営にもっとも必要とされるものは、高潔なる企業倫理と高邁なる企業哲学である。

すなわち、ウェーバーのいうつぎのような「資本主義の精神」を持つということである。

私経済的な富の生産の面では、プロテスタンティズムの禁欲は、不正ばかりでなく、純粋に衝動的な物欲ともたたかった。ところが、禁欲というのは、「つねに善を欲しつつ、つねに悪を」、すなわち禁欲の立場からみた悪、つまり所有とその誘惑を「作り出す」力であった。なぜならば、富を目的として追求することを邪悪の極致としながら、天職である職業労働の結果として、富を獲得することは神の恩恵だと考えられていたからである。

それでも、ウェーバーは、たゆみない普段の組織的な世俗的職業労働を、およそ最高の禁欲手段として、同時に、再生者とその信仰の正しさにかんするもっとも確実かつ明白な証明として、宗教的に尊重することは、「資本主義の精神」とよぶ人生観の蔓延にとって、この上ない強力なテコとなったというのである。

その結果として、禁欲的節約強制による資本形成、すなわち、利得したものの消費的使用の阻止というのは、生産的止揚つまりは投下資本として使用するということである。

このように、ウェーバーは、利潤追求そのものは肯定しながら、それを自己目的としたり、財テクによってかせぐようなことをいましめ、あくまでも営業の拡大による経済の発展を行なうべきだといったのであろう。

企業倫理の徹底

資本主義社会において、より多くの利潤を追求する企業に経済倫理をもとめるというのは、どだい無理である。金儲けのためには、違法行為をおかさなければいいのであって、経済倫理などにこだわっていたら金儲けができないからである。そうかもしれないが、従来と比べても、構造改革のなかで経済倫理の欠如がいちじるしいものになってきたことを、深刻に受け止めなければならない。そのさい、違法行為と経済倫理の欠如は、峻別しなければならない。

二〇〇五年一一月に発覚し日本中を震撼させた耐震強度偽装事件は、規制緩和によって、検査確認を民間企業にまかせた必然的帰結である。

偽装した建築士は、違法行為を行なったので逮捕起訴された。犯罪容疑者である。問題は、「民のできることは民に」ということで、検査確認までも金儲けのために行動する民間企業にまかせたことにある。金儲けのために、検査確認の手抜きをされたら、国民の財産だけでなく、生命すら危険にさらされる。国民の生命・財産を守ることが国家の責務なのであるから、この業務は絶対に民間にまかせてはならない。

ライブドアの堀江元社長やいわゆる村上ファンドの村上元代表は、結局は、違法行為を行なって金儲けした犯罪容疑者である。村上ファンドによる阪神電鉄株買占めは、厳密には、反社会的な取引で違法行為であるが、検察は不問にふした。阪神電鉄の経営者だけでなく、労働組合まで反対し、阪神タイガースファンまで激怒させても、金儲けに走るというのは、まさに経済倫理が欠如した事例にほかならない。

経済倫理の欠如の典型的な事例は、某リース会社会長と日銀総裁のケースである。

某リース会社会長は、「構造改革推進政権」の諮問委員会に参加して規制緩和を行なわせ、規制緩和された事業を自社が引き受けて、自分だけが膨大な利益を獲得した。まさに、現代の政商である。村上ファンドを育てたのも同会長である。実際に同ファンドに資金を拠出して、膨大な利益をあげた。資金を引き揚げたのは、逮捕直前のことで、二〇〇五年九月以降の阪神電鉄株騒動のときもちゃっかり出資をつづけていた。もちろん、経団連の前会長も経済財政諮問会議に参加して、大企業の金儲けのために規制を緩和させたが、それはあくまでも大企業全体の利益を確保するためであった。どちらも経済倫理の欠如した行動であろうが、少々、質が異なっているように思われる。

日銀総裁にも経済倫理はいちじるしく欠如していた。総裁は、民間企業にいるときに村上ファンドに出資した。だが、問題は、日銀総裁に就任してからも出資をつづけたことである。金融政策の最高責任者が一民間ファンドに出資しつづけることなど絶対にゆるされるものではない。だから、二〇〇六年三月に量的緩和政策を解除する直前にファンドを解約したというのは、究極のインサイダー取引だという批判が出てくるのである。インサイダー取引ということはないだろうが、倫理的な責任がとわれる行動であることだけはまちがいない。

事態の本質は、平成不況下の超低金利で国民は、本来えられるはずの一〇〇兆円余りの利子を企業に「収奪」されたが、日銀にうらみごとをいう人はあまりいないことにある。庶民は、日銀が景気の回復のために金融政策を行なっていると信頼していたからである。

だが、なんと、その責任者が自分だけは、しっかりと何千万円もかせいでいたということが発覚し、日銀の権威、国民の日銀への信頼も地におちてしまった。通貨の番人である中央銀行がインフレ阻止の金融政策を遂行するには、国民の絶対的信頼が不可欠である。というのは、インフレ阻止を行なおうとすれば、しばしば政府と対立するからである。国民の信頼がなくなると、インフレ阻止の金融政策の遂行ができなくなってしまう可能性が高くなる。

とすれば、やはり問題となるのは、「いささかなりとも疑念をいだかれるような利殖を禁止」していた日銀内規に明らかに違反していたのに、総裁の俸給カットでお茶をにごしたことである。だが、政府は、これをいとも簡単に容認した。しかも、出資が発覚して間もない二〇〇六年七月に日銀は、実質ゼロ金利政策を解除したのに、政府はまったく抵抗しなかった。日銀の金融政策の変更後に景気が減速すれば、すべての責任を日銀に押し付けることができるからであろう。政府に借りを作る中央銀行など欧米諸国にはありないだろう。

現代資本主義も資本主義であるから、企業の利潤追求機会を奪うような規制は最大限撤廃しなければならない。自由な競争によって、経済が効率化し、国民も多大な恩恵を受けるからである。もし、そうでなければ、かつて地球上に存在した「社会主義国」のようになってしまう。

しかしながら、企業は、法律遵守を徹底することはもちろんのこと、国民がたんに物的に豊かになるということだけではなく、健康で文化的な最大限の生活をおくることが可能となるように行動しなければならない。日本は、よりよいものを、よりやすくというもの作りの伝統をひきつがなければならない。

こうしたなかで、最近の名だたる世界的企業での欠陥商品の続出はきわめて深刻な問題である。その大きな要因の一つは、構造改革の進展と収益拡大のために企業の安全・品質管理がおろそかになってきたことにある。ウェーバーのいうように、人のためにいいものを作り、喜んでもらうために働くのが、「資本主義の精神」であるとすれば、各企業は、法的な最低基準よりもはるかに高い安全・品質基準を設定するのが、経済倫理の高い企業ということになる。

金儲けを優先して、法律で定められた最低限の安全・品質基準のぎりぎりまで引き下げるというのは、経済倫理の欠如した行動といわなければならない。徹底的な経営の合理化・効率化をはかり、それでもたりなければ、株主配当や役員報酬を減らし、それでもだめなら、お客様のためと説得して、従業員の給与も減らして、安全・品質管理にまわす。これこそ、高い経済倫理を有する企業というものではなかろうか。

ウェーバーは、つぎのようにいう。

市民的企業家は、形式的な正しさの制限を守り、道徳生活に欠点もなく、財産の使用にあたって他人に迷惑をかけさえしなければ、神の恩恵を十分に受け、みえるかたちで祝福をあたえられているという意識を持ちながら、営利に従事することができたし、そうすべきであった。

しかしながら、資本主義は、変質していった。そして、ウェーバーは、「精神のない専門人、心情のない享楽人。この無のものは、人間性のかつて達したことのない段階にまですでに登りつめた、と自惚れるだろう」という。マネーゲームにうつつをぬかし、金儲けのために、国民の生命・財産を危険にさらしても平気でいられる日本の企業家に、ウェーバーが発した警告だと受け取るべきであろう。

四　アジアのなかの日本

戦争への道

二〇〇五年九月一一日の総選挙で圧勝した「構造改革推進」政権、〇六年九月にそれを継承した「再チャレンジ」・「ナショナリスト」政権による政治・経済運営の帰結はなにか。

「構造改革推進」政権の行なった政策の本質は、アメリカとの政治的・軍事的協力関係の強化、アメリカ型市場原理主義の導入、財務省との連携、旧橋本派との対決などにあった。

「構造改革推進」政権の論理によれば、得票率は過半数にいかないものの、郵政民営化に賛成する議員が圧倒的に当選したということは、構造改革が支持されたのだから、なんでもできるというものであった。すなわち、日本国民のためになると自民党政権が判断したことが最優先されるということである。

「再チャレンジ」推進首相が二〇〇六年九月二九日に行なった所信表明演説の含意は、つぎのようなものであろう。

日本は、アメリカとのパートナーシップを重視することによって、軍事的にも経済的にも安泰である。したがって、アメリカの対テロ戦争に積極的に協力することが大事である。北朝鮮から攻撃されないのは、アメリカの核の傘に守られているからである。いままでの憲法解釈では、イラクに自衛隊を派遣しても軍事的にはなんの役にも立たない。現行憲法でも集団的自衛権を行使できるのであるから、同盟国であるアメリカの「自衛戦争」すなわち対テロ戦争に参加すべきだということなのだろう。

衆議院で連立与党が三分の二を超えたということは、憲法「改正」の発議ができるようになったということを意味している。所信表明演説で、「日本が占領されている時代に制定され、すでに六〇年ちかくがたった」として、憲法「改正」の必要性を指摘した。

だが、憲法が「改正」されて、集団的自衛権が明記され、海外派兵が可能となれば、深刻な事態をむかえることになるだろう。

すなわち、アメリカは、二〇〇一年九月一一日の同時多発テロ以降、先制攻撃論をふりかざしているからである。やられる前にやれということなので、日本の自衛隊は、アメリカとともに世界で戦端をひらかざるをえなくなる。日本は、テロと対テロ戦争の泥沼に入り込み、アメリカのように多くの若者の命がうしなわれていくことになるかもしれない。

ウェーバーは、戦争にたいしてどのようなスタンスを取っていたのだろうか。第一次大戦がはじまったときウェーバーは五〇歳になっていた。愛国者として、戦争に参加しようとしたが、高齢で戦場にはいけなかったので、結局、病院勤務にまわされた。

しかし、ウェーバーの戦争にたいする態度は、熱狂的愛国者というものではなかった。というのは、国内では、悲観主義者ともみられていたからである。ウェーバーは、最初から第一次大戦をもっぱら自衛戦争として理解されることを望んでおり、できるだけすみやかに終結することを望んでいたのである（マリアンネ・ウェーバー、前掲書）。

第一次大戦におけるドイツの立場が自衛戦争かどうかということには、かなり疑問がのこるところであるが、つぎのように考えていたようである。

損失なしに、しかもまた、なんらかの領土拡張もなしに、現状維持の講和の可能性が生じたときには、いかなる場合にも、この機会をとらえなければならない。戦争は、一切の英雄的な力と愛情による自己犠牲の精神との異常な拡張としては、壮大なものであるが、何年間にもわたって日常化されれば、あらゆる点でおそるべき悪となり、圧迫された国民の肉体的のみならず精神的な闘志をも消耗させるからである。

ウェーバーが戦争の長期化を望まなかったのは、長期化はそれ自体としてヨーロッパ以外の国々、とりわけアメリカに工業的支配権を奪われるからであったが、第一次・第二次大戦に参戦したアメリカが、第二次大戦後、圧倒的な経済力を持つにいたることを見越していたようである。

さらに、ウェーバーは、ドイツの東方の側面を巨大なロシアの重圧から恒久的に守ることは、重大な国民的課題であると考えていたからである。第二次大戦後にドイツとたたかって勝利した旧ソ連が、ドイツを分割させて「共産主義国家」東ドイツや東ヨーロッパの「盟主」となったことも見越していたのであろうか。

他方でウェーバーの戦争にたいする態度は、ドイツ国家の変革という側面もふくまれていた。すなわち、はっきりと説明されていない自分らには、手のとどかない目的のために際限もなく血を流しつづけようという国民の心がまえは、つぎのような条件のもとでしか期待できないという。

すなわち、万人が国家意思の形成について、すくなくとも形式的には、同等の影響力をあたえられ、官憲国家が人民国家に改造されるという条件である。このことは、政治における官僚の支配の清算、プロイセンの三級選挙法の清算、政体の議会主義化とあらゆる国家制度の民主化を要求した。

これは、第二次大戦で敗北した日本で、官僚支配は強化されたものの、民主化が進んだことにつながるものであろう。

アジアのなかの日本

日本経済を再生するには、アジア共同体の結成が不可欠である。それは、平成大不況の本質をどうみるかということともかかわってくる。

平成大不況の根本原因は、バブル崩壊にともなって、銀行がかかえた膨大な不良債権であった。したがって、二〇〇五年三月期決算でメガバンクがこの問題を解決したので、平成大不況はとりあえず終結した。しかし、平成大不況がデフレという新しい事態をともなったことと、一九八〇年代から九〇年代にかけて急激に行なわれた対外直接投資の結果、いわゆる産業の空洞化が進んだということを重視しなければならない。

二〇世紀から二一世紀にかけて、工業国で唯一日本だけがデフレに見舞われたのは、平成大不況が大恐慌以来の深刻な不況であって、消費者物価が下落しつづけたことが本質であるが、大きな要因として、中国が市場経済を導入して、低賃金による製品を世界に輸出してきたことがあげられる。もちろん、これは価格安定要因であって、それだけでデフレが生ずることはない。根源は不況だということであった。

産業の空洞化は、欧米や東アジアに直接投資が殺到すれば進展するのはあたりまえのことである。第二次大戦直後から世界各国に直接投資を拡大してきたアメリカは、ずっと産業が空洞化したままである。多国籍企業がアメリカと世界をつなぐ役割をはたしてきた。日本企業は、大規模な海外直接投資を行なってきたが、いまだに国際化・多国籍企業化ができていないところに大きな問題がある。

アメリカは、二〇世紀末のネット・バブル型経済成長のあとは、ふたたび軍事経済による経済成長路線に転換した。日本は、このままアメリカ依存経済を進めていって、軍事経済に転換すれば悲惨な末路が待っている。したがって、日本は、ヨーロッパのように市場拡大型経済成長を希求しなければならない。

アジア共同体を結成し、アジア経済全体を嵩上げするために、日本の経済・資金力を役立てることによって、日本もある程度の経済成長を実現することができる。現時点でもう一つ重要なことは、アジア共同体を結成することによって、アジア全体の環境保護に全力で取り組まなければならないということである。

中国は、猛烈なスピードで経済成長している。日本には、うらやましいかぎりであるが、この「高度成長」が大問題なのである。

「社会主義市場経済」という市場経済を導入して経済を拡大しようというのであるから、環境に配慮して経済成長を進めてくれ、ということ自体に無理がある。「地球温暖化防止条約京都議定書」への参加も免除されている。排気ガスや産業廃棄物はすさまじいものがあるし、地下水汲みあげで砂漠化が猛烈ないきおいで進んでいる。羊の放牧で草がなくなり、土砂が河川に流れこんでいる。都市化が進んで緑が急速に消えている。

日本の九州だけでなく、本州にまで到達する黄砂が増えているのは、このような中国における工業化の結果である。したがって、日本は、中国に環境保護装置の無償援助、砂漠の緑化など環境保護のために全面的に協力する必要がある。それだけだとたんなるおせっかいである。共同体を創ることによって、日本経済もある程度発展するということが重要なのである。

ウェーバーは、「ヨーロッパ列強の間のドイツ」のあり方を考察しているが、それは、他に例をみないほど四方を強大な権力国家に取り囲まれている権力国家としてのドイツの特殊な事情があったからである（マリアンネ・ウェーバー、前掲書）。だから、ウェーバーは、この地理的状況は、感情的政策ではなく、冷厳非情な政策を、大風呂敷的な虚栄心の政策ではなく、平静な取引の政策を、征服政策ではなく、遠い先まで見通す同盟政策をもとめていると考えていた。

このようにみると、ウェーバーは、第二次大戦後のヨーロッパの統合推進を見通したようであるが、それは、ロシアの脅威への対応として主張されたものである。

ウェーバーは、第一次大戦の本当の原因がドイツの権力国家への発展にあるという。権力国家としてドイツが組織されるようになったのは、虚栄心からではなく、歴史にたいするドイツの責任からである。世界が強国に支配されるのに反対して立ち上がるのは、小国ではなく、七〇〇〇万人のドイツ国民であるという。

二一世紀の現段階でアジア共同体の必要性をみる場合、アメリカによるイラク侵攻にみられるような傍若無人なふるまいをたしなめるために、ユーロを導入したＥＵ（欧州連合）ともう一つアジア共同体が結成される必要があるというのは、このウェーバーの考え方からもいえるのではなかろうか。

第二章　アメリカの市場原理主義

一　ウェーバーのみたアメリカ

アメリカへの旅立ち

一九〇四年、ウェーバーは、アメリカで開催された学術的な世界大会に出席するために、アメリカ旅行に旅立った（マリアンネ・ウェーバー、前掲書）。新世界への旅は、ウェーバーにとって、きわめて誘惑的なことであった。

八月の末に船にのり、九月のある早朝、青空にそそり立つ摩天楼をながめながらニューヨーク港に入った。ウェーバーにとって、ヨーロッパでは、抑圧されている階級や人種に属する数千の渡来者を毎日はげまし、冒険精神と成功の機会からなる未来への希望をあたえている自由の女神の前をとおるこの入港は、なんとすばらしかったことか。

ウェーバーは、アメリカのカレッジで宗教的精神の持つ組織力の明白な痕跡に興味を強くかきたてられた。たいていのカレッジは、本来、ピューリタンの諸派が建てたものであり、ピルグリムファーザーズの伝統がいくらかまだ感じられるし、いまなおそれは、青年たちを純潔さの理想に結び付けており、みだらな話をすることがきびしく禁じられ、女性にたいする騎士的態度の一つの尺度をあたえている。

ウェーバーは、アメリカ国民の最大の問題である、生活のすべてに浸透している白人とその以前の奴隷たちとの対決ということをニュー・オーリンズでは、その核心にふれて把握することができた。たえず増加するあらゆる色合いの人びとの悲劇が、とくに感銘をあたえた。

年の瀬もせまりアメリカにわかれをつげた。船が港を出たとき、ウェーバーは、感謝の心をもって、これほど幸福な日々を自分にあたえてくれたこの国を振り返ってみた。

このように、ウェーバーは、いわば、近代市民社会の原点をもとめて、アメリカにわたったのであろう(安藤英治「マックス・ウェーバー」講談社、二〇〇三年)。それは、近代の人権思想は、フランス革命に由来するものではなく、フランス革命の人権思想が、逆にアメリカ独立宣言の人権思想の影響を受けたのであり、そのアメリカの独立宣言の人権思想は、さかのぼってメイフラワー号以降に移住したピューリタンの建設した州憲法に由来すると考えられるからである。

明日のヨーロッパ

他方、ウェーバーは、アメリカ滞在でアメリカの負の部分も感じていた。

アメリカについて、マンハッタンの商業区のまんなかにある二一階建てのホテルに泊まったが、ニューヨークがイタリア—ローマ、フィレンツェ、ナポリ—とあまりにちがうので驚愕している。ウェーバーにとって、すべてのものが強烈なまでに異様であった。

すべての人間が番号となってしまうような、そっけない旅商人の部屋、エレベーターで教会の塔の高さほどまで運び上げられて入る部屋は、特徴といえば、なんの飾りもないことと室内電話、バカに大きな二つの痰壷があるだけである。窓から外をみると目まいがし、背筋が寒くなる。通りは、ずっと下の奈落の底にある。向かいには、また三〇階の家々が建って、ほかの家々を、小さな家々を嘲笑している。

ここでは、まるで牢獄の塔にとじこめられたように、なつかしい大地と隔絶されている。人が病気になっても、だれもそんなことに関心をはらわないにちがいない。ドイツ的情味など一笑にふしてしまうような、これほどそっけなく非人間的な宿にとびこんでしまったドイツからの渡航者は、たいてい、最初は極度に不安な気持ちをおぼえた。

ニューヨークでの印象は、一方では、ブルックリン橋の中央からのながめと、他方、高架電車で橋をわたっていくブルックリンの大渋滞であった。そのコントラストたるや驚くべきものである。高架電車が一五秒間隔で走りぬける。その左右の外側には、わずか数メートルの間隔で、なかば電車からぶらさがっている人で満員の市電が走っている。

ウェーバーはつぶやく。人間の作ったものは、なんと偉大なことか。しかし、人間そのものは、なんと小さくみえることか。夕方、商業区からひきもきらない流れが橋に向かっておしよせていくのをみると、人びとはショックをおぼえる。個々の人間の魂の無限の価値などは虚妄になってしまう

シカゴは、ニューヨーク以上にアメリカ精神がきわだつ巨大都市であった。大理石や金色にぬった豪華建築物のなかに誇示されている威張りちらした新しい富、くもった窓ガラスやきたならしく暗い玄関から、かぎりなく荒涼とした街すじをみつめているうらぶれきった貧困、息つくまもない利益追求、毎日、数千人の

人命を無頓着に危険にさらす人間の濫費、絶え間のない建築と取り壊し、掘り返した舗装道路、底知れない不潔さがみられる。

いたるところで、おそるべき作業密度が目に付くが、その典型は大屠殺場である。それが機械化され、信じられないような高い作業能率がみられる。

やぶれかぶれのスト、スト破り、鉄道へのテロ、強盗・殺人が蔓延し、ギリシャ人が五セントでアメリカ人の靴をみがいている。ドイツ人がアメリカ人の給仕になり、アイルランド人がアメリカ人のために政治を引き受け、イタリア人が一番汚い土方仕事を行なうシカゴは、湖畔の快適で美しい別荘区域をのぞけば、まるで皮膚がはがれて、その内臓の動きが外からみえるひとりの人間のようだと、ウェーバーはつぶやく。

このアメリカの姿は、ラッシュアワー、超高層建築、超高層マンション、労働強化など現代の日本ではめずらしいものではない。もちろん、いまの日本もここまでひどくはないだろうが、当時のヨーロッパでは、とうてい考えられない世界であった。アメリカは、ヨーロッパや日本の将来の姿をすでに体現していたのであろう。だから、ウェーバーは、同行した妻マリアンネに「ごらん、近代的な世界とはこんなものなんだ」といったのであろう。

二　資本主義の精神の欠如

資本主義の精神

現代のアメリカをみる場合に、ウェーバーのいう資本主義の精神がどのように変容してきたかを詳細にみなければならない。市場原理主義の生成の前提だからである。したがって、ここでまず、ウェーバーのいう資本主義の精神を、その主論文である「プロテスタンティズムの倫理と資本主義の精神」に依拠しながらみてみることにしよう。

ウェーバーは、宗教、すなわち儒教とピューリタニズムのちがいから資本主義の生成についてつぎのようにいう（マックス・ウェーバー著、大塚久雄・生松敬三訳「宗教社会学論選」みすず書房、一九七二年）。

たしかに、中国でも異端裁判はみられた。しかしながら、すくなくともカルヴァン派ピューリタニズムの不寛容さと比べれば、宗教的な寛容度ははるかにひろく、財貨交易の自由度ははるかに大きく、安全、移動の自由、職業選択や生産方法の自由なども存在し、商人根性にたいする反感もあまりみられなかった。それにもかかわらず、中国は、近代資本主義を生成させることができなかった。このことは、「営利衝動」とか、富のはなはだしい尊重とか、あるいは、功利主義的「合理主義」といったものも、ただそれだけでは、まだ近代資本主義とは無縁なものだという事実を、中国という典型的な営利の国から知ることができる。

こうした視点に立って、ウェーバーは、どこから、どのようにして、近代資本主義が生成したのかを明らかにする

宗教改革は、人間生活にたいする教会の支配を排除したのではなく、むしろ、従来とは別の形態による支配に代えただけであって、新しくもたらされたものは、およそ考えられるかぎり、家庭生活と公的生活の全体にわたっておそろしくきびしく、また、やっかいな規律を要求するものであった。当時、経済的発展が進

んでいた諸地方の宗教改革者たちがはげしく非難したのは、人びとの生活にたいする宗教の支配が多すぎるということではなく、むしろそれがすくなすぎるということであった。

すでにのべたように、きびしい規律が必要とされるのは、労働には高度の責任感が必要であるだけでなく、すくなくとも勤務時間のあいだは、どうすればできるだけ楽に、できるだけ働かないで、しかもふだんと同じ賃金がもらえるかなどと、たえず考えるのではなく、あたかも労働が絶対的な自己目的、すなわち天職(Beruf)であるかのようにはげむという心情が必要とされているからである。しかしながら、こうした心情は、けっして人間が生まれつき持っているものではなく、賃金の高低で直接作り出すことができるものでもなく、長年の宗教教育などの教育の結果としてはじめて生まれてくるものである。

かくして、ウェーバーは、ピューリタンの天職概念と禁欲的生活態度の促迫が資本主義的生活様式の発展に直接影響をおよぼしたと結論づける。

プロテスタンティズムの世俗内的禁欲は、所有欲の無頓着な享楽に全力をあげて反対し、消費、とりわけ奢侈的な消費を圧殺した。その半面、この禁欲は、心理的効果として、財の獲得を伝統主義的倫理の障害からときはなった。すなわち、利潤の追求を合法化したばかりでなく、それが神の意思にそうものであると考えられるようになり、かくして伝統主義の桎梏を破壊したのである。

民間経済的な富の生産の面では、禁欲は不正ばかりでなく、純粋に衝動的な物欲ともたたかった。というのは、衝動的な物欲というのは、貪欲、拝金主義などのように、富裕となることを究極の目的として富を追求することだからである。しかしながら、天職である職業労働の結果として、富を獲得することは神の恩恵である。要するに、およそ最高の禁欲的手段としてのたゆみない不断の組織的な世俗的職業労働を、再生者とその信仰の正しさに関連するもっとも確実で明白な証明として、宗教的に尊重することは、資本主義の「精神」とよぶ人生観のひろがりにつながった。

このように、衝動的な物欲という消費にたいする禁欲と富の追求・営利の解放ということが一体として結び付くと、禁欲的節約強制による資本形成ということにいたる。利得したものを消費するのではなく禁欲するということは、ふたたび資本として生産的に使用するということになるからである。これこそ、えられた利益を資本蓄積にまわす、すなわち経済成長によって発展していく資本主義のメカニズムそのものである。

資本主義の精神の変容

ウェーバーのいうように、資本主義がこのようにきびしい禁欲の「精神」をもって成立したとすれば、すでにのべたように、本来、実業家には、「ノブレス・オブリージェ」という考え方が根底になければならないはずである。

衝動的なものにたいする欲望は排除されているので、もし実業家が金儲けをしたとしても、資本として生産的に投入するもの以外は、社会に還元しなければならないということになるからである。したがって、ヨーロッパでは、成功した実業家によって社会的弱者の救済が行なわれてきたし、アメリカでも、積極的な社会奉仕が行なわれてきた。

きびしい禁欲、労働が絶対的な自己目的であるという天職義務を「精神」として成立したはずの資本主義が、どうして、金儲けだけを目的とする資本主義に変容してしまったのだろうか。

ウェーバーは、戒律がきわめて厳格であったはずのピューリタニズムの生活理想が、つぎのように強大な富の「誘惑」にまどわされないという試練にまったく無力であったという。

ピューリタニズムの精神の純粋な信奉者というのは、ようやく興隆に向かいつつあった小市民層や借地農民層であったが、そのなかの恵まれた豊かなすくなからぬ人びとが、古い理想を否定するようになった。

これは、世俗内禁欲の先駆者である中世修道院がおちいった運命と同じであった。

修道院の場合にも、厳格な生活の規制と消費の抑制が行なわれることによって、合理的な経済運営がその作用を完全に発揮するようになると、獲得された財産は、直接貴族化の奉公に堕していくか、そうでなければ、修道院の規律が崩潰の危機に直面して、いくたびも「改革」されなければならなかった。修道会の会則の全歴史は、ある意味において、所有の世俗化作用とのたえまない格闘の歴史にほかならなかった。

ピューリタニズムの世俗内禁欲の場合にも、それと同じことが壮大な規模でおこったのである。

禁欲が世俗を改造し、世俗の内部で成果をあげようと試みているうちに、世俗の外物は、かつて歴史に類をみないほど強力になって、ついには逃れえない力を人間にふるうようになり、禁欲の精神は、その鉄の鎖から抜け出てしまった。勝利をとげた資本主義は、機械の基礎の上に立って以来、もはやこの支柱を必要としなくなった。はからずも禁欲を継承したばら色の啓蒙主義の雰囲気ですら消えうせ、「天職義務」の思想は、かつての宗教的信仰の亡霊として人びとの生活のなかを徘徊しているにすぎない。

このように、資本主義が成立していくと、熾烈な競争に勝つために、儲けなければならなくなった。少しでも多く儲けて、それを蓄積していかなければ、経営をつづけていくことができないからである。このようになると、もはや信仰心はうすれていくことになる。世俗的禁欲と天職義務という資本主義の精神は、資本主義を作り上げる原動力となったが、やがて宗教的倫理から解放されて産業革命が引き起こされ、資本主義が勝利すると、この資本主義の精神は完全にわすれさられてしまったのである。

現代のアメリカ

ウェーバーは、その典型的な国としてアメリカをあげているように思われる。すなわち、「営利のもっとも自由な地域であるアメリカ合衆国では、営利活動は、宗教的・倫理的な意味を取り去られていて、いまでは、純粋な競争の感情に結び付く傾向があり、その結果、スポーツの性格をおびることさえまれではない」という。まるで、現在のアメリカを見通したような指摘である。さらにウェーバーは、つぎのようにもいう。

貨幣を渇望する「衝動」の強弱といったものに、資本主義とそれ以前に差異があるわけではない。金銭欲は、われわれの知るかぎり人類の歴史とともに古い。金銭欲への衝動にかられて一切をなげうった連中は、たとえば、「金儲けのためには、地獄へも船を乗り入れて、帆の焼け焦げるのもかまわなかった」あのオランダ船の船長のようなものである。向こう見ずな営利活動は、実際それが可能でありさえすればどこであれ、歴史上いつの時代も存在していた。戦争や海賊と同じく、規範に服することない自由な商業も、他部族や共同体外の人びととの関係では、差し支えないものとされていた。

ウェーバーは、オランダ船の船長に代表される金銭欲に凝り固まった厚顔な態度に終始する実業家、良心的でない労働者は、資本主義の精神に反するし、戦争・軍需請負・国家独占・泡沫会社投機、また君主の土木・金融企画を指向するような資本主義をイギリスのピューリタンは嫌悪したという。

しかしながら、資本主義が成熟期をむかえているまさに二一世紀初頭のアメリカにおいて、「金儲け」を唯一の基底的動機とする市場原理主義が隆盛をきわめているというアナクロニズムをわれわれはどのようにみたらいいのであろうか。

三　市場原理主義と株主資本主義

アメリカ資本主義の精神

スタンダード石油という巨大トラストを作り上げた石油王ジョン・D・ロックフェラーという人物は、悪いところはなにもないとする支持者の伝記作家には美化され、正しいことなどなに一つしていないとする批判者からは非難されてきた。

ロン・チャーナウは、「タイタン・ロックフェラー　帝国を作った男（上・下巻）」（日経BP社、二〇〇〇年）において、一九一七年から二〇年にかけてロックフェラーがプライベートで行なったインタビューの記録から、じつは、物事の分析能力にたけ、考えを明確に言葉にできる半面で、気性ははげしいが、非常にひょうきんな面もあり、中西部風の乾いたユーモアの持ち主であったという人物像を明らかにしている。

ロックフェラーは、大酒飲みでいかさま薬売りの父親を反面教師に、母親の厳格な品行方正さを手本に成長した。少年ロックフェラーは、バプテスト教会にかよい、福音派プロテスタンティズムにねざす格言を毎日のように聞かされて育った。

石油ビジネスでの成功は、人並みはずれた意志力、不屈の精神、予言者のような洞察力の賜物である。さまざまな社員をうまく管理して、やる気を引き出し、進んで権限を委譲し、帝国を統括した。会社が大きくなっても合意にもとづく経営をつづけ、役員会の反対を無視して大きな計画を強行することはなかった。

ロックフェラーは、質素な生活を守り、きびしく物欲をおさえ、スーツは、てかてかになるまで着古した。息子は、自分より貧しい級友が立派な馬車で走り去るのをみながら学校まで歩いてかよったという。

ロックフェラーは、無制限の自由競争は市場独占にいたる、賢明な経済運営システムは大規模な産業計画だという確信にもとづいて、カルテルや独占、そのほかの販売協定によって、生産を抑制し、人為的に価格を統制した。スタンダード石油は、情け容赦ない乗っ取りで拡大したが、あるところでは、かれは、怪物とおそれられ、ある母親が「急ぎなさい、ロックフェラーにつかまるわよ」と子供をしかったという。

一九〇六年に連邦政府は、反トラスト法に従ってスタンダード石油を解体すべく提訴した。だが、分割後に株価は上昇し、ロックフェラーの資産はさらに増加した。

ロックフェラーは、黒人のための大学や医学研究所の設立など慈善活動を積極的に行なった。著者は、このロックフェラーの慈善活動に多く言及している。はたして、ロックフェラーに悪徳企業家と慈善家の二つが矛盾なく存在していたのかという判断はむずかしいが、バプテスト派信者としての慈善家の側面もみることができよう。

この当時のロックフェラーと現在のアメリカの企業経営者とはかなりちがっているが、現在の日本の経営トップともかなりちがっている。

日本には、部下を信頼せず自分ですべてをきめ、それが失敗すると部下に責任を押し付ける経営トップはすくなくない。大企業トップに質素倹約や慈善活動などという発想もあまりない。企業の社会的責任とか企業メセナなどというかたちで、ようやく「資本主義の精神」の一端を取り戻しつつあるのだろうか。

マネー・ゲームの興隆

第二次大戦後、資本主義勢力の盟主となったアメリカは、旧ソ連との冷戦をたたかうためにＩＴ（情報技術）、航空・宇宙、原子力、軍事技術などの超最先端の重化学工業をいちじるしく発展させた。その半面で国民に消費財を提供する民生用重化学工業部門は、日本とドイツが担った。資本主義勢力における「国際分業」体制の成立である。したがって、アメリカは、いいもの作りを放棄せざるをえなかった。

結局、アメリカは、超最先端産業（軍需産業）、その成果を取り込んだ金融産業と農業で生きていくしかなかったが、一九七〇年代に入ると金融システムが質的な転換をとげた。その後、マネー経済が興隆していくことになる。

その契機の一つとなったのが、固定為替相場制から変動為替相場制への移行であった。変動相場制への移行によって、金融取引や貿易取引において為替リスクが新たに発生するようになったからである。ここから、金融の分野でリスク管理と金融収益拡大の技術が急激に進展していった。

一方、アメリカにおいて、株式市場も発展していった。一九七一年には、新興企業向け証券市場であるナスダックが創設された。七五年五月には、株式委託手数料の自由化と上場証券取引の証券取引所集中義務の撤廃などが実施された。これがメーデーとよばれるもので、アメリカでの証券ビッグバンであった。証券業者は、手数料収入の減少をおぎなうために、業務の多角化を進めたり、競争力を発揮できる分野に経営資源を集中させる特化型の証券業者も優勢になってきたからである。

一九八〇年代に入ると、M&A（合併・買収）が活発化したが、買収が大型化するにつれて、さまざまな資金調達手段が編み出された。特徴的なものは、格付けがダブルB以下のハイ・イールド債、いわゆるジャンク・ボンド（高利回り債）を使った敵対的買収も横行したことである。

この時期、マネーゲームとしてのM&Aがブームとなった。だが、このブームも一九八七年のブラック・マンデー、九〇年のジャンク・ボンド市場を事実上支配していたドレクセル・バーナム社の倒産により事実上終了した。

このマネーゲームの前提となったのが、競争原理をとことん追求する市場原理主義である。アメリカで新古典派経済学が流行となり、一九九〇年代にまれにみる経済成長を享受したが、その経済運営は、ドイツとかなりちがっている。ウェーバーは、つぎのように分析しているという（ヴォルフガング・モムゼン著、中村他訳「マックス・ヴェーバー」未来社、一九七七年）。

ウェーバーは、ドイツで支配的なルター主義というのは、ドイツ国民に臣民意識を生み出し、「純粋に感情的な国家形而上学」を植え付けたので、むしろ国家にたいするピューリタニズムのさめた合理的な姿勢を称賛した。官職にたいするドイツ人の似非《えせ》宗教的な聖化とは対照的に、アングロサクソンは、官職をほかの職務と同じビジネスとしてしかみないという。したがって、アングロサクソンにとっては、国家の内部組織もまた、ドイツのそれと比べて「秩序」の程度はときには低いといえ「能率」の程度ははるかに高いものがあるという。

ここに、現在のアメリカの国家ぐるみのビジネス推進の姿がみごとに予見されている。資本主義の発展を主導したはずのアングロサクソンが金儲けに走り、後進国であったはずのルター主義ドイツの経済が庶民を大事にする社会的市場経済を推進しているというのは、歴史の皮肉であろうか。

「経済の株式化」の進展

一九九〇年代に入ってからのアメリカ経済の大きな特徴の一つは、企業にとって、株式市場が資金調達の場から、企業の成長力、研究者・科学者やアイデアなどの知的資産等バランスシートにあらわれない企業の価値を「通貨化」する場に転換したということである。すなわち、「経済の株式化」や「株式の通貨化」という事態の進行である。

企業のM&Aも従来のように、ジャンク・ボンドの発行や銀行借り入れによる調達資金ではなく、株式交換によって行なわれるようになってきた。そのため、アメリカでも高株価経営が行なわれるようになった。高株価経営を行なえば、資金調達は容易になり、しかも大量の資金を調達することができるからである。

株式交換による企業買収では、被買収企業の株価よりも自社の株価が上昇すれば、より多くの企業を買収できるようになる。時価一〇〇〇円の株と時価五〇〇円の株を交換すると二対一であるが、高株価経営で買収側の株価が倍の二〇〇〇円になれば、半分の株数で買収できるからである。その分だけ多くの企業を買収できる。

「株式の通貨化」の極め付けは、ストック・オプションが優秀な人材の獲得と確保の有力な手段となってきたことである。賃金という範疇を超えたストック・オプションは、アメリカでIT革命が進展するなかで、絶対的に不足する優秀な人材を確保するための重要な手段となった。IT関連企業だけでなく、多くの企業も優秀な人材を確保するために、ストック・オプション制度を積極的に導入してきた。

たとえば、一年後に勤務先の株を「五〇万円で一〇〇株売ってあげます」という条件で一生懸命働き、業績が上がって株価が一〇〇万円になれば、この権利を行使して五〇万円で買って一〇〇万円で売る。一〇〇株なので売却粗利益じつに五〇〇〇万円となる。

このように、株式が事実上「通貨」として使用されるようになってきたので、この「通貨」が株価暴騰によって供給されるようになると、経済がいちじるしく発展することになる。個人消費も拡大する。株価が五〇万円から一〇〇万円に上昇すれば、五〇万円分の消費拡大となる可能性が高まるからである。アメリカの個人は、投資信託などをつうじてその半分がなんらかのかたちで株式にからんだ金融資産を保有しているので、消費拡大の要因となる。

一時、アメリカの個人部門の貯蓄率はマイナスちかくまで低下したといわれた。しかしながら、株価上昇によるキャピタルゲインを所得にくわえると、株式市場の絶頂期の一九九九年の貯蓄率はじつに四〇％ちかくになったという。

四〇一ｋという確定拠出年金も、株価上昇がもし生涯つづけば、将来、相当の給付を期待することができる。四〇一ｋというのは、労使双方が資金を拠出して、従業員が自分の責任で運用するもので、会社が変わっても、それを持っていけるという年金である。

もちろん、資産価格が上昇しただけでは消費は増えない。しかし、そうはいっても、金融資産が毎日増加し、老後の生活も心配なければ、貯蓄にはげむ必要はないので個人消費は拡大するだろう。

このように、「経済の株式化」と「株式の通貨化」が進行することによって、アメリカ経済は、景気高揚と株価上昇を享受してきた。

株主資本主義の弊害

アメリカ経済は、株式会社制度を基本にして運営されている。株式会社は株主のものなので、法に抵触しない範囲で可能なかぎり多くの利益をあげて、株主に配当するのがすばらしい経営者であり、いい労働者・従業員である。したがって、利益に貢献しない労働者・従業員はもちろんのこと、経営者は赤字を回避できても、目標とする十分な利益が出ないとただちに解雇や解任されるケースが多い。

アメリカの経営者は、株主にやとわれているが、これは、株式会社のあり方からすればまちがいではない。だから、株主のために利益をあげることが最大の使命になるし、株主に少しでも多くの配当を実施する経営者が有能な経営者なのである。その結果、長期的な経営方針を持つというよりも、四半期ごとの企業収益に一喜一憂する場合が多いようである。

したがって、経営状態が悪くなったら、まず首切りをしてコスト削減を行なって利益を確保し、一株あたりの利益を増やそうとする。利益があがっていても、目標とする利益に到達していなければ、人員整理をする場合もある。そこで、労働力の流動化システムが整備される。解雇されても、優秀な人は、ほかにいくらでも職場があるという状態にしておかなければならないのである。そうでなければ、失業者が激増し、社会不安をまねいてしまう。

アメリカのアラン・ケネディという経営コンサルタントがネットバブルのピークにあった一九九九年一〇月に出版した「株主資本主義の誤算」（奥村宏監訳、ダイヤモンド社、二〇〇二年）という本は、アメリカ型経済運営の危険性をきびしく指摘している。

アメリカでは、一九八〇年代半ばから株主価値を重視する経営が行なわれるようになった。株主価値というのは、将来入ってくるであろう現金や減価償却費などのキャッシュフローを現在の価値に引き直したものである。株主価値を主要目標とする経営には、多くの問題がある。なぜなら、現時点の株価を引き上げようとすれば、会社の将来を抵当にいれなければならず、そのツケをはらわされるのは、次世代の投資家、顧客、従業員だからである。

こうして、一九世紀のアメリカの企業家にとって、富というのは、あくまで成功の副産物であって、富を追求することは本来の目的ではなかったが、現在では、金儲けだけが企業経営の目的になってしまったのである。

株主価値を重視する経営は、あらゆる手段を使って株価の引き上げをはかるので、その場かぎりの経営姿勢を生み出すようになった。

いますぐには利益の拡大に結び付かない研究開発費をけずれば、とりあえずは利益が増えて、株主に配当できる。しかし、少しでもいいものを安く作らなければ生きのこれない製造業の世界で、研究開発費を大幅に削減するということは、そのままでいけば、いずれちかい将来つぶれる可能性が高くなるということである。株主のためだけの経営は、結局は、株主にも最終的に大損害をあたえて幕となる。これが株主資本主義の本質である。

このようなマネーゲームに走るアメリカの顚末をウェーバーは予測していたようである。すなわち、アメリカ大陸に「自由の地」がなくなり、資本主義的経済成長が限界に突き当たると、土地独占にもとづく貴族層と階級的労働運動があらわれるだろうという（ヴォルフガング・モムゼン、前掲書）。マネーゲームまでは予測していないであろうが、生産部面での後退をみていたと思われる。

そして、ウェーバーは、「おそらく、アメリカ国民ほど容易に偉大な文化国民となった国は、これまでどこにもみあたりません。しかし、人類の頭脳で考えるところの、自由で偉大な発展のために、これほど条件の整ったことは、人類史上最後のことでした。自由の地は、いまではもう世界中どこからも消え失せてしまったのです」と現代の世界を預言している。

四 先制攻撃論とイラク侵攻

「悪の枢軸」と先制攻撃

ウェーバーは、第二次大戦後の世界情勢を見事にいいあてているように思われる（ヴォルフガング・モムゼン、前掲書）。

アメリカの世界支配は、古代のポエニ戦争後のローマの世界支配と同じく、避けることのできなかったものである。その世界支配にロシアがくわわることはたぶんないだろう。ドイツの将来の世界政策の目標は、ロシアがくわわらないようにすることである。というのは、ロシアの脅威は、現在だけのものであって、いつもあるわけではないからである。

ロシアの脅威は、結局、第二次大戦後に強大な旧ソビエト・ロシアとして登場することで現実化した。こうして戦後は、米ソ両超大国間の対抗として展開していく。ウェーバーはまた、第一次大戦での「無制限潜水艦作戦」に強硬に反対したが、それは、アメリカの参戦をおそれたからである。事実、一九九〇年代初頭に米ソ冷戦が終結するとまさにアメリカが唯一の帝国として世界史に登場した。ウェーバーのいうとおりであった。そして、アメリカによって、国際法を無視した、傍若無人なイラク侵攻が強行された。

ウェーバーは、たしかに「共産主義」が優勢になりはしないかと懸念していた。もしそういうことがおこるとすれば、「人が欲しようと、欲すまいと、アメリカ人に秩序を回復してもらわなければならない」と主張している（J・P・メイヤー著、五十嵐他訳「マックス・ウェーバーの政治社会学」勁草書房、一九六六年）。アメリカは、冷戦期に資本主義秩序を守るためにたたかった。だが、ベトナム戦争の泥沼におちいった。しかも、冷戦が終結すると世界の秩序を大混乱におとしいれている。

アメリカの世界戦略は、それまである程度、国際協調していこうとするものであったが、ブッシュ政権になって大きく転換した背景には、アメリカ型民主主義を世界に広めようとする新保守主義（ネオ・コンサーバティブ―ネオコン）という考え方が介在している。この考え方が、同時多発テロを契機にしてブッシュ政権の世界戦略の前面に出ることになった。

ブッシュ大統領は、ネオコンの考え方にもとづいて二〇〇二年一月にイラク、イラン、北朝鮮を「悪の枢軸」ときめつける発言を行ない、イラク侵攻の準備をはじめた。国際テロリストを支援し世界を危険な状態におとしめるこれらの国は、冷戦時代の旧ソ連が「悪の帝国」、第二次大戦のファシズム・軍国主義国たる日本、ドイツ、イタリアが「枢軸国」で、それらに匹敵する「悪の枢軸」というわけである。これらの国々は従来、アメリカから「ならず者国家」とよばれていた。

かくして、ブッシュ大統領は、二〇〇二年六月一日にウエストポイント陸軍士官学校の卒業式でいわゆるブッシュ・ドクトリンを明らかにした。それを集大成したものが国家安全保障戦略である。その核心は先制攻撃論にあるが、冷戦時代の抑止という考え方は、「ならず者国家」や国際的テロ組織には通用しないので、実際に武力攻撃がなくても、そのおそれが差し迫った場合には先制攻撃ができるというものである。

この考え方を極限まで突き詰めていくと、九・一一同時多発テロを経験したアメリカにとって、座してテロリストの攻撃を待つことはできないということになる。そこで、たとえ具体的で明白な証拠がないとしても、「ならず者国家」・「悪の枢軸国」、テロ支援国家などが核兵器や生物・化学兵器などの大量破壊兵器でアメリカを攻撃する能力やその意図があるとアメリカ（国連ではない）が認定すれば、アメリカは、自衛のために先制攻撃ができるという驚くべき論理が登場した。

同時に、潜在的な敵国がアメリカと同等かそれ以上の軍事力を持とうとすることを断念させるために、アメリカは、それ以上の十分で強力な軍事力を装備する必要があるということになった。

こうして、冷戦終結によって軍備縮小を余儀なくされたアメリカは、圧倒的な国内世論の支持のもとに、ハイテク兵器を中心とした軍備の拡張を堂々と行なうことができるようになった。じっと耐えてきた軍需産業は、さぞ小躍りしてよろこんだことだろう。

国連憲章と先制攻撃

このブッシュ・ドクトリンというのは、とうてい国際法上みとめられるものではない。なぜなら、国連憲章において武力行使がみとめられているのは、攻撃を受けた国が自衛権を発動する場合と国連安全保障理事会が国際平和の維持のために必要とみとめた場合だけだからである。

アメリカが「悪の枢軸」の一つときめつけたイラクへの侵攻を行なう意図を持っていたとしても、勝手に軍事行動を取ることはゆるされない。よしんば、このブッシュ・ドクトリンにもとづいてイラクに侵攻するにしても、イラクが大量破壊兵器を保有し、アメリカを攻撃する意図を持っているという確実な証拠を提示することが必要であった。

じつは、当時、国連査察団は、国連決議にもとづいてイラクにたいする大量破壊兵器の査察を行なっていた。二〇〇三年三月に国連査察団は、核査察にさらに十分な時間が必要であるとしたのにたいして、アメリカは、それにまったく耳をかさずに、みずから軍事行動を取って大量破壊兵器をみつけ出すと言明した。

アメリカによるイラク侵攻の根拠は、一〇年以上前の湾岸戦争のときの国連決議にあった。すなわち、大量破壊兵器を廃棄しない場合、重大な結果をまねくという決議である。

当然、国際社会は、アメリカ単独のイラク侵攻に猛反対した。国連の大量破壊兵器査察の結果をもう少し待って、大量破壊兵器が廃棄されておらず、廃棄にもおうじなかった場合に、国連決議をもって最後の手段としてイラクへの軍事行動を取るべきだという意見が大勢を占めた。だが、アメリカは数ヶ月も待てないとして二〇〇三年三月二〇日、イギリスとともにイラクへの侵攻を開始した。

イラク侵攻にさいして、アメリカとイギリスは、イラクが大量破壊兵器を保有しているという証拠を提示し、侵攻の根拠にした。

しかしながら、イラクへの大規模攻撃が終結すると、情報操作がなされたことや事実の捏造などがつぎつぎに明らかになった。アメリカの議会などもそれをみとめざるをえなかった。アメリカのイラク侵攻が最初から「大義なき戦争」であったことが白日のもとにさらされたのである。

単独行動主義・一国主義（ユニラテラリズム）

戦後アメリカは、企業活動のグローバリゼーション、経済・金融システムのグローバリゼーションを進めてきたが、二一世紀に入って、グローバリゼーションの総仕上げを行なっているかのようであった。世界の政治・民主主義・軍事支配を進め、地球的規模でのアメリカ化をはかろうというのがそれであった。このような考え方を取っているのがネオ・コンである。

ネオ・コンの基本的な考え方は、経済的な側面からみれば、世界の「植民地化」を進めて多国籍企業にさらに儲けさせること、軍事ケインズ主義によってアメリカの景気の高揚をはかり、科学・技術開発を進めること、膨大な経常収支赤字と財政赤字をかかえ国際基軸通貨の地位をうしないかけているアメリカ・ドルを、超絶的な軍事力でその地位に押し留めておこうとすることにあると思われる。

ウェーバーは、第一次大戦を分析して、軍部の行動が軍需産業と農業資本家（東部の大土地所有者ユンカー）との危険な冒険にほかならないときめつけた（ガース／ミルズ著、山口和男他訳「マックス・ウェーバー」ミネルヴァ書房、一九六七年）。ブッシュ大統領も、軍需産業とエネルギー産業の支援を受けてアメリカの大統領に当選できたので、イラク侵攻に積極的であったのであろうと思われる。

アメリカ・ドルは、いままでのところ超絶的な軍事力を背景に国際基軸通貨として機能し、世界のどこでも受け取ってもらえるので、アメリカだけは、経常収支赤字に無頓着でいることができる。しかし、膨大な経常収支の赤字だけでなく、軍事ケインズ主義への転換による財政赤字が増大してきているので、アメリカ・

ドルへの信認が大きくゆらいできている。

さらに、イギリスはともかく、フランスをのぞくヨーロッパ大陸諸国がきっぱりと拒否しているアメリカ型市場原理主義は、日本では成功しないし、ましてやアジア諸国でも普及することはないであろう。弱肉強食、優勝劣敗というのは、アメリカ以外では、「動物」の世界でしか通用しない原理だからである。

この事態をウェーバーはみていたのであろうか。つぎのようにいう。

人類史が道の未来へと入っていくその門の上には、平和と人間の幸福どころか、つぎの句がかかげられている。

一切の望みを棄てよ。

戦争と騎士道精神

ウェーバーは、「職業としての政治」において、倫理について言及するなかで、戦争についても興味深い指摘をしている。アメリカによるイラク侵攻がまったく「大義なき戦争」であり、アメリカの敗戦が濃厚となっているまさに現在、このウェーバーの指摘は、含蓄に富んだものである。

ところで、おもしろいことに、ウェーバーは、倫理の役割をとくのに、まず男女の関係を取り上げている。すなわち、

ある男性の愛情が、ある女性から別の女性にうつったとき、以前の女性は、自分の愛情に値しなかったと

か、自分を失望させたとか、そのほか、似たような「理由」をあげて、ひそかに自己弁護したくなるケースはめずらしくない。ある男性が以前の女性を愛しておらず、その女性は、それを耐え忍ばなければならないというのは、確かにありのままの運命である。

ところが、この男がこのような運命にくわえて、卑怯にもこれを「正当性」で上塗りし、自分の正しさを主張したり、この女性に現実の不幸だけでなく、その不幸の責任まで転嫁しようとするのは、騎士道精神に反する。恋の鞘当てに勝った男が、やつは俺よりくだらない男であったにちがいない、でなければ負けるわけがないとうそぶく場合もそうである。

こうしてウェーバーは、色恋沙汰から戦争に話を進めていく。戦争がすんだあとでその勝利者が、自分が正しかったから勝ったのだと、品位を欠いた独善さでぬけぬけと主張する場合も同じだというのである。

ウェーバーは、別の視点からさらに、戦争のすさまじさで精神的にまいった人間が、自分にはとても耐えられなかったと率直に告白する代わりに、厭戦気分をひそかに自己弁護して、自分は、道義的に悪い目的のためにたたかわなければならなかったから、我慢できなかったのだ、とごまかす場合もそうだという。

このことは、敗戦者の場合にも生ずる。男らしく峻厳な態度を取るものであれば、戦争が社会構造によっておこったというのに、戦後になって、「責任者」を追及するなど愚痴っぽいことはせずに、敵に向かってつぎのようにいうだろう。

われわれは、たたかいに敗れ、君たちは勝った。さあ決着はついた。一方では、戦争の原因ともなった利害のことを考え、他方では、これが肝心だが、とりわけ戦勝者に負わされた将来にたいする責任をも考えて、ここでどういう結論を引き出すべきか、いっしょに話し合おうではないか。

これ以外の言い方は、すべて品位を欠き、禍根をのこすことになる。国民は、利害の侵害はゆるしても、名誉の侵害、なかでも説教じみた独善による名誉の侵害だけは断じてゆるさない。戦争の終結によって、すくなくとも戦争の同義的な埋葬はすんだはずなのに、数十年後、新しい文書が公開されるたびに、品位のない悲鳴や憎悪、憤激が再燃してくる。

戦争の同義的埋葬は、現実にそくした態度と騎士道精神、とりわけ品位によってのみ可能となる。自己弁護の「倫理」では、絶対に不可能である。

アメリカによるイラク侵攻が「大義なき戦争」であったことは、そもそも開戦の論拠となった資料がでっちあげでだったことで、白日のもとにさらされており、アメリカ国民は憤激している。それは、二〇〇六年一一月に行なわれたアメリカ中間選挙におけるブッシュ共和党の敗北に顕著にあらわれている。

ブッシュ政権は、イラク侵攻というのは、対テロリストとの「戦争」なのだから、アメリカが負けたとはいえないというかもしれない。だが、敗戦だとするかどうかはともかく、失敗であったことをすなおにみとめ、「戦勝者（侵攻に強烈に反対したフランスなのだろうか）」に負わされた将来にたいする責任をも考えて、「ここでどういう結論を引き出すべきか、いっしょに話し合おうではないか」、というべきなのだろう。ウェーバーにいわせれば、これが騎士道精神というものなのだろう。アメリカのブッシュ大統領の言い分は、すべて品位を欠き、禍根をのこすことになる。

ウェーバーはいう。「福音書に従って行動する平和主義者は、一切の戦争を終わらせるために、倫理的義務として、武器を取ることを拒否するか放棄するであろう。」

二〇〇六年一一月の中間選挙でアメリカ国民の多くがイラク侵攻にノーを突き付けたにもかかわらず、逆に、ブッシュ政権は、イラク派遣米兵を増強するしまつである。国際法違反のイラク侵攻をあくまでつづけ、泥沼化している現在、ベトナム戦争でそうであったように、アメリカの庶民は、いずれ「武器よさらば」というだろう。

力と正義

ここで、フセイン独裁政権を打ちたおすために「力なき」国際世論のごうごうたる批判を一切無視して強行したアメリカによるイラク侵攻がみじめな失敗に終わりつつある現在、アメリカ国民は、ウェーバーも引用しているパスカルの「パンセ」における言葉を肝に銘ずべきである。

正しいものが服従を受けるのは、正当であり、もっとも強いものが服従されるのは、必然である。力なき正義は無力であり、正義なき力は、圧制である。力なき正義は、反抗をまねく。世のなかには、つねに悪人が存在するからである。正義なき力は、非難される。したがって、正義と力と同時にそなえなければならない。そのためには、正しいものを強くするか、それとも強いものを正しくするしかない。

正義は、議論されがちであるが、力は、はなはだ容認されやすく、議論されない。それゆえ、人は、正義に力をあたえることができなかった。力が正義に反抗して、自分こそ、正しいと主張したからである。こうして、正しいものを強くすることができないので、人は、強いものを正しいとしたのである。

このパスカルの言葉は、現在の国際情勢に見事にあてはまる。

アメリカのイラク侵攻の理屈は、つぎのようなものであった。イラクのフセイン独裁政権は大量破壊兵器をかくし持っており、テロリストにわたるとアメリカが攻撃される。攻撃されて莫大な犠牲者が出る前に、テロリスト支援国家を攻撃しなければならない。国連は、イラクの核査察を行なっているが、武力なき査察は無意味である。アメリカは、大量破壊兵器をかくし持っている確たる証拠をにぎっているので、「自衛戦争」としてフセイン政権をたおす。

こうした奇妙な理屈にたいして、国際世論も国連もまったく無力であった。かくして、アメリカによるイラク侵攻は、泥沼化し、大量破壊兵器を持っているというのも捏造であったことが明らかになった。さしづめ、つぎのようになろう。

正しいものが服従を受けるのは、正当であり、もっとも強いものが服従されるのは、必然である。国連の力なき正義は無力であり、アメリカの正義なき力は、傍若無人なイラク単独侵攻であり、アメリカ民主主義の世界への押し付けである。国連の力なき正義は、反抗をまねくわけではないが、世界に無力感をただよわせている。アメリカがそうかどうかはともかく、世のなかには、つねに悪人が存在するからである。アメリカにいわせれば、悪人というのは、北朝鮮やイラク、イランである。

国連の正義なき力は、非難されており、建て直しに躍起になった。したがって、正義と力と同時にそなえなければならない。そのためには、国連という正しいものを強くするか、それとも冷戦後に超絶的な軍事力・

軍事技術を有するにいたったアメリカという強いものを正しくするしかない。結局、アメリカに単独行動主義を放棄させ、国連の枠組みにきっちりといれることが、世界平和の大前提である。

正義は、議論されがちであるが、軍事力増強をつづけてきたアメリカの力は、はなはだ容認されやすく、議論されない。それゆえ、人は、国連という正義に力をあたえることができなかった。アメリカという力が国連という正義に反抗して、自分こそ、正しいと主張したからである。こうして、正しいものを強くすることができないので、人は、強いものを正しいとしたのである。その結果が国連決議なしのアメリカによるイラク侵攻である。

アメリカによるイラク戦争は、事実上、アメリカの敗戦で決着が付きつつある。アメリカ兵の犠牲者は三〇〇〇人を超え、イラク市民の犠牲者は、数十万人におよぶともいわれている。もはや、アメリカは、イラク侵攻にいたる過程のように、国連を無視し、国際世論をないがしろにすることはできない。国連が本当に正義かどうかは、いささか留保が必要であろうが、アメリカの先制攻撃論を完全に放棄させ、世界平和を実現するために、本当の意味での正義である国連を強化することが不可欠であろう。

第三章　政治家・官僚支配と政治教育

一　ビスマルク批判

ビスマルクの社会政策

一八七一年にドイツ帝国を建設したオットー・フォン・ビスマルクは、社会主義運動を徹底的に弾圧した。一八七三年に発生した恐慌は、労働者の生活を破壊したので、ビスマルクの社会主義運動の弾圧は、労働運動をますます急進化させる結果となった。そのため、ビスマルクは、一八七八年に「社会主義者鎮圧法」を成立させた。この法律は、すべての社会主義者と労働組合を非合法化するものであって、もっとも過激な社会民主党を封じ込めようとするものであった。

しかしながら、他方で、ビスマルクは、社会民主党を力だけで封じ込めるのはむずかしいので、労働者の困窮からの救出、生活改善などの施策を取ることによって、過激な労働運動をおさえ、革命運動をその根っこから絶つことができると考えた（木谷勤『ドイツ第二帝政史研究』青木書店、一九七八年）。

ビスマルクが国家社会政策を遂行することができたのは、企業経営者の利害ともある程度一致したからである。すなわち、ルールやザールの重工業経営者は、社会民主党の進出を食い止めるだけでなく、より直接的に、工場災害が発生したときの賠償負担の軽減、重工業にとって、とりわけ重要な熟練労働者の定着と安定雇用を促進するために、国家社会政策の実施を要望していたからである。

そこで、一八八三年に「疾病保険法」が成立した。同法は、労働者が発病して三日目から一三週間にわたって治療費を支払い、負担金のうち労働者が三分の二、経営者が三分の一を負担することとされた。保険の適用は、組合金庫や互助金庫など既存の地域協同組合的互助組織にゆだねられた。

一八八四年には、「労働者災害保険法」が成立した。第一次法案は、八一年に帝国議会に上程されたが否決された。同法案は、就業中に災害にあった場合、過失責任の有無にかかわらず、年収二〇〇〇マルク以下のすべての工場労働者に保険金が支払われ、保険金は、経営者と労働者の双方が負担するものの、労働者の年収が七五〇マルク以下の場合、労働者の負担は、国庫が肩代わりするというものであった。しかし、国家の公衆への影響力の拡大をきらう議会によって否決された。

一八八二年に、第二次法案が上程されたがこれも審議未了で廃案になった。第二次法案には、保険業務の担い手として、第一次法案にあった国家機関としての保険局の設置ではなく、民間協同組合の設立が盛り込まれた。結局、ビスマルクは、国庫による肩代わりをあきらめて、低収入労働者の負担金を全額経営者が負担するということにして、第三次法案として一八八四年に帝国議会を通過させた。

一八八九年には、「老年・廃疾保険法」が成立した。老年保険では、労働者が二五年間負担金の支払いを行なって七一歳から、廃疾保険では、四年間の掛け金の支払い後、それぞれ年金が支払われる。この保険ではじめて、ビスマルクの念願であった保険金の一部国庫負担が実現した。

ビスマルクの辞任

あくまで国家秩序の維持をめざしたビスマルクは、重工業経営者の支持のもと、このような国家社会政策を採用した。したがって、当然のごとく、労働者を苦しめている長時間労働や低賃金に手を付けるということはなく、あくまでも、労働者が病気や災害、老年など仕事から離れたときだけ恩恵をあたえるという社会政策にすぎなかった。当然、多くの労働者を社会民主党の影響から引き離すことはできなかった。

かくして、一八八八年にルールからはじまって全国の炭鉱に波及したストライキを、あくまで「社会主義者鎮圧法」の強化で押しつぶそうとしたビスマルクと、国家社会政策の維持と「労働者保護立法」によって労働者と和解しようとした皇帝ウィルヘルム二世との対立が深まり、ビスマルクは一八九〇年三月に辞任に追い込まれた。辞任後、「社会主義者鎮圧法」が廃止された。

一九〇〇年には、営業令が改定され、日曜休日制、賃金現物払い制禁止、工場の安全・衛生設備設置の義務化、一三歳以下の子供の就業禁止、少年・婦人の夜間労働禁止などの労働保護規制が強化された。営業令の改定にあたって、工場労働者にたいする労働規則の制定を義務づけられたが、その場合、労働者が意見をのべる機会がかならずもうけられなければならないとされた。そこで、営業令の改定と同時に、労働者の共同決定権が成立した。

こうした国家社会政策の目的もまた、労働者を社会民主党の影響から引き離すことにあったので、それがかなわぬとなるとウィルヘルム二世もまた弾圧政策を取った。

その後、一九〇五年にルール炭鉱ストライキを契機にして成立した「プロイセン改正鉱業法」は、ストライキ中の労働者の要求を大幅に取り入れて、選挙で選ばれる常設労働者委員会設置の義務化、搬出石炭量による請負賃金算定にさいしての労働者の共同決定権、入出坑時間の就業労働時間への繰り入れなどが新たに盛り込まれた。

このようにドイツ帝国では、たとえ労働者の懐柔策であったとしても、労働者保護のための社会政策がかなり遂行されたということはできるであろう。これがドイツ革命をへてワイマール共和国につながっていくことになるのである。

ビスマルクの遺産

ウェーバーは、「新秩序ドイツの議会と政府」(中村貞二他訳「ウェーバー政治・社会論集」河出書房新社、一九八八年)において、強力な官僚制、無力な議会、政治教育を受けていない国民をこうしたビスマルク時代の遺産としている。

近代国家において、支配が現実的な力を発揮するのは、日常生活における行政の執行であり、それは、必然的かつ不可避的に文武の官僚が掌握する。

イタリア人、つづいてイギリス人が近代資本家的経済組織を発展させたように、ビザンツの住民、つづいてイタリア人、それから絶対主義時代の領邦国家、フランスの革命的中央集権、最後に、ほかをすべて凌駕しつつ、ドイツ人が工場から軍隊と国家にいたるまでの、あらゆる人的支配団体の合理的・分業的・専門的な官僚機構をみごとに発展させた。

ビスマルクの辞任後、ドイツは、精神的な意味での「官僚」の統治するところとなったが、それは、ビスマルクが自分とならぶ政治的頭脳の持ち主をことごとく排除してきたからである。ドイツは、清廉さ、教養、誠実さ、知性などの点で世界最高の文武の官僚を擁していたが、それがうまく機能しなくなった。

その結果、ドイツに欠けているのは、政治家による国家指導であるとして、ウェーバーは、近代立憲制国家の活動において、すべてを包み込んでしまう官僚制とならんで、統制し、方向をしめす役割を持っている君主と議会について論じた。

近代の議会は、なによりもまず官僚制という手段によって支配されている人びとの代表機関である。ビスマルクは、帝国議会を政治的に無力化した。議会の無力化というのは、否定的な政治という問題以外に、つぎのような現象としてあらわれる。

あらゆる議会的闘争は、いうまでもなく客観的な対立をめぐる闘争であるばかりか、個人的権力をもとめる闘争でもある。したがって、諸政党の権力闘争の目標は、政治の指導者という最高の政治的地位に到達することに集中する。偉大な政治的権力本能と卓越した政治的指導者の資質をそなえた人びとが、その闘争をたたかいぬき、指導的地位に到達するチャンスを持っている。要するに、指導者としての特性をそなえた人物が頂点に到達する可能性を持つということである。

だが、国家最高の地位への就任が、官吏の昇進ないしは宮廷の偶然の縁故による場合、無力な議会がこのようなやり方で構成される政府を甘受しなければならないとすれば、事情がかなり異なってくる。議会闘争の内部では、客観的な対立とともに個人的な権力欲が働いてはいるが、低劣なものである。これは、一八九〇年以後にドイツがたどったような方向である。

ビスマルクは、天才による統治形態を君主の正当性をもって隠蔽することが好都合であると考えていたし、これがビスマルク支配の最悪の遺産の一つであった。ビスマルクの後継者のなかに天才はひとりもおらず、みんな平凡な官僚であったが、かれらは、ビスマルクを忠実に模倣した。政治的に教育されていない国民がこのすり替えを真に受けたが、文筆家たちも喝采をおくった。

ビスマルクの治世下に国民は、公共の問題とくに外交政策を自分たちなりに考えてみるという習慣をうしなってしまったので、無統制の純官僚支配を押し付けられたのである。官憲国家は、各個人に選択というものをゆるさず、指導者の代わりに、おしきせの官吏をおくる。同時に、自己の利益に傍若無人な重工業家は、一体となって官僚主義的官憲国家に味方するとともに、民主主義と議会主義に反対するのである。

ウェーバーは、「ビスマルクがドイツにもたらした自主的な信念のおそるべき破壊こそ、ドイツの現状のあらゆる弊害の主要原因そのものであるか、ないしはその主要因の一つである。しかし、これについてわれわれは、すくなくともビスマルクその人と同じだけの責任を負っているのではないか」と喝破し、ビスマルクと国民が一体となってドイツの政治的未成熟さを生み出したと批判している（安藤英治、前掲書）。

これは、ひるがえって、二〇〇五年九月一一日の総選挙で圧勝し、負の意味で「偉大な政治的権力本能と卓越した政治的指導者の資質をそなえた」首相が絶対的「権力」を保持したことと瓜二つの現象であろう。圧倒的多数の議会に君臨し、独裁的な政治を批判されても、それだけの議席をあたえた国民も同じだけの責任があるということなのである。

二　権力と支配

支配の概念

ウェーバーは、「支配の社会学」（世良晃志郎訳「ウェーバー政治・社会論集」河出書房新社、一九八八年）や「支配の諸類型」（世良晃志郎訳、創文社、一九七〇年）において、権力と支配の概念を明確にしている。

支配というのは、特定のまたはすべての命令にたいして、挙示しうる一群の人びとのもとで、服従を見出しうるチャンスのことである。一定最小限の服従意欲、すなわち服従することにたいする外的または内的な利害関心があるということが、あらゆる真正な支配関係の要件である。

正統的支配には、完全に純粋な型としては、合理的、伝統的、カリスマ的支配の三つある。

制定規則による合法的支配のもっとも純粋な型は、官僚制的支配である。形式的に正しい手続きで定められた制定規則によって、任意の法を創造し、変更できるところに特徴がある。官吏の行なう行政は、没主観的な官職義務にもとづく職業労働であり、その理想は、「いかりも興奮もなく」、個人的動機や感情的影響を受けることなく、恣意や計算不能性を排除して、厳密に形式主義的に、合理的規則に従って、これが不可能なときには、「没主観的」な合目的性の見地で処置するということである。

近代国家の全発展史は、近代的な官吏制度と官僚的経営との歴史に帰着し、同様に、近代的な高度資本主義の全発展は、経済経営の官僚制化の進展と一致している。官僚制的支配形態の役割は、いたるところで増大している。

その正当性が、昔から存在している秩序と支配権力との神聖性にもとづいて信仰されているとき、伝統的支配とよばれる。もっとも純粋な型は、家父長制的な支配である。支配団体は、共同社会関係であり、命令者の型は「主人・主君（ヘル）」であり、服従者は「臣民・家臣」であり、行政幹部は「しもべ」である。こうして構築されるものが家産官僚制というものである。

支配者の人と、この人の持つ天与の資質、すなわちカリスマ、とりわけ呪術的能力・啓示や英雄性・精神や弁舌の力とにたいする情緒的帰依によって成立するのが、カリスマ的支配である。永遠に新たなるもの・未曾有なるものと、これらのものによって情緒的に魅了されることとが、この場合、人格的帰依の源泉である。もっとも純粋な型は、預言者・軍事的英雄・偉大なデマゴーグの支配である。

カリスマ支配

正当的支配のなかのカリスマ支配は、その真正な形態においては、特殊非日常的な性格を持ち、個人的資質のカリスマ的妥当とそのあかしとで厳に個人的に結合された社会関係をなしている。この社会関係が純粋に一時的なものにとどまらず、従士団、使徒団、政党などのような、一つの永続的な性格を持ってくると、誕生したときこそ理念型的な純粋さで存在していたカリスマ支配は、その性格を根本的に変更せざるをえなくなるのである。

それは、伝統化されるか、または合理化・合法化されるか、あるいは、ある点では伝統化され、別の点では合理化される。その推進的動機は、二つある。一つは、共同体が存続し、たえず新たに活気づけられることにたいして、帰依者たちが持っている理念的、物質的な利害関心である。

もう一つは、従士団、使徒団、政党の腹心などの行政幹部が、自分自身の地位が理念的にも、物質的にも永続的な日常の基礎の上におかれるようなかたちで継続していくこと、家族的生活やみちたりた生活をおくることへの、もっと強い理念的、物質的な利害関心である。

これらの利害関心は、後継者問題が発生したときに、典型的なかたちで現実の問題となる。その解決方法は、カリスマたる諸標識に従って、新たに選抜、啓示、すなわち神託・籤・審判などの選抜技術、カリスマないしカリスマ的資格を持った行政幹部による後継者指名と団体による承認、世襲、秘儀的手段によって譲渡されるか新たに作り出されるという観念などがある。

カリスマ的支配団体は、日常化とともに、家産制的、とりわけ身分制的、あるいは官僚制的なかたちを取って日常的支配の諸形態に入り込んでいくのである。また、カリスマの日常化は、継続的に作用する日常的力としての経済の諸条件に適応していくことと、きわめて重要な点で同義である。

三　官僚制的支配の本質

官僚制の特徴

日本が近代化の道をあゆみはじめた明治時代に、ドイツの家産制的官僚制を導入したが、それは、二一世紀の現代にいたるまで継承されて、日本の政治•経済にきわめて大きな影響をあたえている。ウェーバーは、「支配の社会学」において、官僚制の本質とその現象がどのようなものであるかということについて、詳細に言及しており、日本のこれからの政治・経済のあり方を考える上で、貴重な示唆をあたえている。

ウェーバーは、官僚制特有の機能様式をつぎのようにのべている。

各省庁は、法律または行政規則によって、一般的なかたちで秩序づけられた明確な官庁的な権限を持つという原則がある。

それは、一つは、官僚制的に支配されている団体の目的上必要な通常的活動は、官僚的義務として明確に分配されている、二つめは、これらの義務の履行に必要な命令権力も明確に分配され、命令権力に付与される強制手段は、規則によって明確に限定されている、三つめは、それらの規則的かつ継続的遂行と権利行使のための計画的配慮が、一般的に規制された資格を有する人びとを官吏に任命することによって行なわれる。

これらの三つの契機が公法的な支配にみられる場合は、官僚制的「官庁」となり、民間経済的な支配にみられる場合には、官僚制的「経営」となる。そのような意味においては、官僚制的な官庁と企業は、政治的あるいは教会的な共同体の領域という点では、近代国家において、また、民間経済的な領域という点では、資本主義のもっとも進歩した諸組織においてはじめて完全なかたちで発展をとげた。

官僚制の機能様式として、そのほかに、上級官庁による下級官庁の監督をともなう、官庁間の上下関係の明確に統治された関係、原案ないし草案というかたちで保管される文書、各種の下僚や書記による近代的な職務執行、専門的訓練をつんだ国家官吏と民間経済の近代的経営者による専門化した職務活動の遂行、従来、「兼職的」に行なわれていた職務活動から全労働力の要求への転換、一般的で、多少とも明確かつ網羅的で、習得可能な規則に従って行なわれる官僚の職務遂行などがあげられる。

このようなことから、官僚の内的および外的地位は、つぎのように帰結する。

官僚の職務は「天職（Beruf）」である。このことは、多くの場合、長期間にわたって全労働力を要求する明確に規定された教育課程が要求され、任命の前提条件としてかせられる一般的に規定された専門試験にあらわれている。

官僚が職につくということは、官庁においても、民間企業においても、生活の保証と引き換えに職務誠実義務を負っているということである。ここで、決定的なことは、封建制的または家産的な支配関係における臣下のように、ある個人に誠実関係を結ぶのではなく、非人格的な即対象的目的のためにあるということである。

即対象的目的の背後には、「国家」「教会」「自治団体」「政党」「経営」という共同体で実現されている「文化価値観念」があり、それがイデオロギー的に神聖化される。

官僚の地位と官僚制化

ウェーバーは、官僚は個人的地位という点では、一つめに、公的であれ私的であれ、近代的官僚もまた被支配者と比べて、つねに、とくに高い「身分的」社会的評価をもとめるが、たいていはそれを享受しているという。

しかしながら、官僚が官僚として受ける社会的評価は、新開地でしばしばみられるように、営利活動の余地が大きく、また社会的階層構成が非常に不安定である結果、専門的訓練をへた行政への需要、身分的因習の支配も、ともにいちじるしく脆弱であるようなところでは、官僚にたいする社会的尊敬というのはとくに低いのがつねである。とくにアメリカではそうである。

二つめは、純粋な官僚制的な官僚は、上級の官庁によって任命されるということである。選挙によって被支配者によってえらばれる官僚は、もはや純粋な官僚制的な姿ではない。選挙ではなく行政の長によって任命された官僚のほうが、純技術的には、通常は、仕事ぶりが正確である。その抜擢と出世が純専門的な見識と資格によって決定されることが多いからである。

専門的に訓練された行政機関への需要が大きいところや、アメリカなどのように、正確な仕事ぶりへの要求が高まっているところ、知的な程度も高く洗練された自由な「世論」を考慮しなければならないところでは、もし不適切な官僚を任用すれば、与党は、つぎの選挙でそのしっぺ返しをくらう。これは、官僚が政党の党首によって任用されるときにとくに顕著である。

三つめは、地位の終身制である。恣意的な罷免をさせないとか、勝手に転勤させないということにたいする法的な保証は、その職務を個人的な恣意にまどわされることなく、職責をまっとうさせるためである。古い文化を持ち、社会的に分化している共同体では、官僚が行政の長の恣意にひたすら服従すればするほど、その尊大ぶった因習的な生活様式の維持は保証される。日本もまったくそのとおりであろう。

四つめは、固定報酬と年金による老後保障があることである。

五つめは、「出世」をめざしていることである。

官職が近代的形態を取るようになった社会的かつ経済的前提は、官僚にたいする給与が、貨幣的形態で支払われるようになったことにあるが、その点にかんするかぎり、貨幣経済の発展が前提となっている。また、官僚制化の本来の基盤は、行政事務の特有の発達の仕方であり、なによりも量的な発達である。官僚制化の要因として重要なのは、行政事務の内包的かつ質的な拡大と内面的な発展である。官僚制的国家の最古の国であるエジプトでは、治水のために、軍事的に組織された特別な大土木事業のための官僚機構が作り上げられた。

権力政治に起因する常備軍の創設とそのための財政支出の増大によって、官僚制化が進んだ。そのほか、近代国家では、文化の複雑性が増加し、そのために、行政一般にたいする要求の増加によって官僚制化が進む。

官僚制組織が優位性を持つのは、純技術的にみて優秀だからである。正確さ、迅速さ、明確さ、文書にたいする精通、継続性、慎重さ、統一性、厳格な服従関係、摩擦の防止、物的および人的な費用の節約は、厳密に訓練を受けた官僚による官僚制的な行政で高められ、しかも、しばしば安価である。

このような的確、一義的、持続的な事務処理がもっとも要請されるのは、近代的資本主義的経済取引の分野である。というのは、近代的資本主義企業は、それ自体が厳格な官僚制的組織の無比の模範だからである。官僚制化は、純粋に即対象的な行政の作業分割によって行なわれる。即対象的というのは、なによりも「計算可能な規則」に従って、「相手を顧慮しない」で、ものごとを処理することである。この「相手を顧慮しない」というのは、「市場」におけるすべてのむき出しの経済的利益を追求するときの合言葉でもある。「計算可能な規則」というのは、近代的官僚制にとってきわめて重要な意味を持っている。近代文化の特質、とりわけその技術的・経済的土台の特質が、まさにこの結果の「計算可能性」を要求しているからである。完全に発達した官僚制は、特有な意味で「いかりも興奮もなく」という原則に従う。官僚制が「非人間化」すればするほど、公務の遂行にあたって、愛憎、純個人的な感情、一般に計算できない非合理的な感情的要素が職務の処理から排除される。これは、官僚制固有の特性として賞賛されるものである。

このようにして、官僚制は、資本主義に好都合である特有の性格をますます完全に発展させるのである。個人的な同情、恩恵、恩寵、感謝の気持ちに動かされた旧秩序に代わって、近代文化は、一切の私情をまじえず、厳密に「没主観的」な専門家を要求する。官僚制というのは、こうしたものをもっともうまく組み合わせて提供してくれるのである。

こうした官僚制的構造は、行政の長への物的経営手段の集中化とあいたずさえて進む。この傾向は、資本主義的大経営において典型的なかたちで発展する。資本主義的経営というのは、物的経営手段の集中に本質的な特徴を持っているからである。

さらに、官僚制的構造は、通常、行政機能の遂行にあたって生じた経済的、社会的差別がすくなくとも平準化されたことで、はじめて支配的となった。官僚制というのは、近代的大衆民主主義に不可避的に随伴する現象であるといえよう。

民主主義にとっては、被支配者の「権利の平等」という要請によって、だれでも官職につけるように、閉鎖的な「官僚身分」の発達を阻止し、「世論」の影響範囲を広げるために、支配権力の極小化が不可欠である。民主主義は、みずから生み出した官僚制化の傾向と不可避的に矛盾することになるからである。

官僚制機構の特質

行政の官僚制化がひとたび完全に実現すると、支配関係が事実上、ほとんど破壊しがたい形態に作り上げられる。完全に発達した官僚制の権力的地位は、つねにきわめて強大であり、通常の状況では卓絶したものだからである。

「職務上の機密」という概念は、官僚制が独自に発明したものである。官僚制が議会と対立するとき、その権力本能から、議会が「国政調査権」によって調査しようとすることを阻止しようとする。というのは、十分に情報があたえられておらず、無力な議会のほうが官僚制にとっては、きわめて都合がいいのである。

官僚の専門知識よりも優越しているのは、「経済」の領域における民間経済的な利害関係者だけである。経済の領域では、正確な専門知識が直接経済上の死活問題となるからである。官庁統計がまちがっても、官僚になんの経済的結果をもたらさないが、資本主義的経営者が計算上のあやまりをおかせば、経済的に膨大な損失をこうむるばかりか、へたをすれば倒産する。

権力手段としての「秘密」も、官庁よりも企業のほうが厳密に保持される。しかも、資本主義時代における経済生活におよぼす官庁の影響は、せまい範囲に限定されているので、経済領域における国家の施策は、しばしば予測も意図もしなかった方向にそれるし、利害関係者たちの優越的な専門知識で骨抜きにされる。

こうした官僚制について、ウェーバーは、道徳的にはすぐれているがあまり能率のよくないドイツ官僚と、腐敗しやすいが正確な事務能力を持つアメリカ官僚を対比している（安藤英治、前掲書）。

ウェーバーは、ドイツ流の官僚制化を批判し、第一次大戦がはじまると「ビスマルクの遺産」として、いっそう厳格な分析と批判を行なっている。

日本でも顕著にみられるようになってきた官僚制化の生み出すマス・ソサエティの状況、自立性と主体性の喪失という社会的潮流をウェーバーは、その原点においてとらえたのである。こうした官僚制のもたらす普遍的隷従のまっただなかで、個人の自立性をいかに守るかということがウェーバーの提起した問題であった。

ウェーバーは「国民国家と経済政策」（田中真晴訳『ウェーバー政治・社会論集』、河出書房新社、一九八八年）において、ドイツの未来にとって、市民大衆が責任を取る覚悟と自己意識とをより多くそなえた新しい政治精神を育て上げるかどうかが決定的であるという。そのために政治教育が必要であるというが、もう一方で、人民投票的民主主義を提唱した。

ドイツに自立した秩序を打ち立てることが当面の基本問題であるとしたウェーバーは、大統領制度を提唱した。国民選出のカリスマ的指導者、すなわち人民投票的大統領に、官職授与権を駆使して官僚の権力肥大化を阻止してもらうためである。大統領は、国民によって選出されるので、マス・ソサエティ化しつつある大衆を合理的にコントロールできるという考え方である。

もっとも、この構想の背景には、特殊ドイツ的特質もあった。すなわち、統一ドイツが連邦制的共和制に移行する上で障害となる、プロイセンの覇権復活阻止のためであった。だから、このウェーバーの提案が大統領の権限を大幅に強化したワイマール憲法に踏襲され、その結果、ヒトラーが政権奪取に成功したと批判されることがある。ただ、その批判は、あまりあたっていないと思われる。

四　政治家のあり方

政治家と報酬

ウェーバーは、「職業としての政治」において、昨今の日本の政治にもつながる貴重な言及をしている。

政治を恒常的な収入源にしようとする人は、職業としての政治「によって」生きる人であり、そうでない人は、政治「のために」ということになる。人が経済的な意味で政治「のために」生きることができるためには、私有財産制度のもとでは、若干のはなはだ俗っぽい前提が必要である。つまり、通常、政治からえられる収入に経済的に依存しないですむこと、すなわち財産があるか、あるいは十分な収入がえられるような地位にあるか、どちらかである。

国家や政党の指導が政治「のために」生きる人によって行なわれる場合、政治指導者層の人的補充はどうしても「金権的」に行なわれるようになる。ウェーバーがいうのは、財産がないと否が応でも報酬をもとめざるをえなくなるということである。政治関係者、つまり指導者とその部下が金権的でない方法で補充されるためには、政治の仕事にたずさわることによって、その人に定期的に確実な収入がえられるという自明の前提が必要である。

政治家は、指導者の勝利、すなわち権力の掌握から官職や報酬を期待する。政治家がとりわけ期待するのは、選挙戦における指導者個人の「デマゴーグ」的効果が党に得票と議席を、したがって権力をもたらし、その結果、自分たちの望んだ報酬を手にいれるチャンスが最大限ひろがることである。凡庸な人間から成り立っている政党の抽象的な綱領のためだけではなく、あるひとりの人間のために心から献身的に働いているのだという満足感、すなわち指導者資質にみられる、この「カリスマ的」要素が凡人の精神的な動機の一つである。

二〇〇五年九月一一日の総選挙後にみられた自民党の行動は、まさにこのとおりではなかったろうか。「首相の偉大なイエスマン」と堂々といいはなった自民党の前幹事長は、まぎれもなく凡庸な人間の代表格である。

ウェーバーは、政党の「ボス」というものは、自分の計算と危険において票をかきあつめる政治上の資本主義的企業家であるという。「ボス」は、党組織にとって欠かすことのできない存在であり、組織をその手にがっちりと握り、資金の大部分を調達する。

典型的な「ボス」は、徹頭徹尾冷静な人間であり、権力だけをもとめる。「ボス」は、はっきりとした政治「原則」や主義を持たず、票集めのことしか考えない。だが、その私生活は、ふつう非の打ちどころのない几帳面なものであるという。

本当かどうかはともかく、金に縁がなく、子分を持たないといわれた小泉前首相が、二〇〇五年九月一一日に総選挙を断行し、票集めに「命」をかけたことをウェーバーは見越していたのであろうか。ただ、一年後の〇六年九月二六日に首相を「勇退」すると、「小泉人気」でバブル的に当選した新人議員をかき集めて、事実上の「派閥」を作ろうとしたようである。

政治家の資質

ウェーバーは、大衆を動かすために「救世軍」もどきの手段をもちいて、もっぱら人びとの情緒に働きかける演説が多くなる状態を「大衆の情緒性を利用した独裁制」とよんでいる。この独裁制こそ、二〇〇五年九月一一日の総選挙で自民党を圧勝させた要因であったし、帰結であった。

ドイツのように党の古い名望家が何度も立候補するのではなく、選挙で人気が出るというように「ボス」が判断すれば、党に関係のないインテリや有名人でも、しばしば立候補させるという。

自民党は、二〇〇六年九月一一日の総選挙で、郵政民営化に反対した抵抗勢力に対抗馬を立てたが、テレビになるべく「タダで」取り上げさせようとして、女性官僚・エコノミスト、女性「カリスマ」料理家などを公認で立候補させるばかりか、ニッポン放送株買占めで自民党の内部からすらひんしゅくをかったIT企業社長を推薦するなどめちゃくちゃであった。

政治家にもとめられる資質として、情熱、責任感、判断力が重要であるといったウェーバーの言葉を肝に銘ずべきであろう。

情熱というのは、事柄にそくするという意味での情熱、つまり「事柄（「仕事」「問題」「対象」「現実」）」への情熱的献身、その事柄をつかさどっている神ないしはデーモンへの情熱的献身のことである。この情熱が仕事への奉仕として責任性と結び付き、仕事にたいする責任制が行為の決定的な規準となったときに、はじめて政治家を作り出すのである。

そのためには、政治家にとって決定的に心理的な資質である判断力が必要である。すなわち、精神を集中して冷静さをうしなわず、現実をあるがままに受け止める能力、つまり事物と人間にたいして距離をおいてみることが必要である。「距離をうしなってしまうこと」は、どんな政治家にとっても、それだけで大罪の一つである。

もし政治が浅薄な知的遊戯ではなく、人間として真剣な行為であるべきだとするならば、政治への献身は、情熱からのみ生まれ、情熱によってのみつちかわれる。しかしながら、あらゆる意味での距離への習熟がなければ、情熱的な政治家を特徴づけ、しかも「不毛な興奮に酔った」たんなる政治的素人から区別する強靭な抑制もできなくなる。

政治家は、自分の内部に巣食う、ごくありふれた、あまりにも人間的な敵を不断に克服していかなければならない。敵とは、すなわち、ごく卑俗な虚栄心のことであって、これこそ一切の没主観的な献身と自分自身にたいする距離にとって、不倶戴天の敵である。

虚栄心というのは、広くゆきわたってみられる性質で、これがまったくないような人間は存在しない。学者の世界では、これが一種の職業病になっているという。本当のことだけに、われわれにとって耳の痛い指摘である。ただ、学者の場合には、そのあらわれかたがどんなに鼻持ちならないものであっても、通常、学問上の仕事のさまたげにならないという意味では、比較的無害である。

政治家となると、とてもそうはいかない。政治家の活動には、不可避的な手段として権力の追求がつきものだからである。その意味で、一般に「権力本能」とよばれているものは、政治家にとっては、じつはノーマルな資質の一つである。ところが、この権力追求がひたすら「仕事」につかえるのではなく、本筋からはずれて、純個人的な自己陶酔の対象となるとき、この職業の神聖な精神にたいする冒瀆がはじまるのである。結局のところ、政治における大罪というのは、仕事の本筋にそくさない態度と無責任な態度なのである。虚栄心というのは、自分というものをできるだけ人目に付くように押し出したいという欲望のことで、これが政治家をもっとも強く誘惑して、二つの大罪の一方または両方をおかさせるのである。

政治と倫理

ウェーバーは、およそ政治というものは、それがめざす目標とはまったく別個に、人間生活のなかでどのような使命をはたすことができるのか、政治の倫理的故郷はどこにあるのかといかける。もちろん、そこでは、究極的な世界観が衝突しあっていて、結局、そのなかのどれかを選択しなければならない。

政治家にとって大切なことは、将来にたいする責任である。ところが、自己弁護の「倫理」は、これについて苦慮する代わりに、解決不可能なので、政治的にも不毛な過去の責任問題の追及にあけくれる。政治的な罪というものがあるとすれば、こういう態度のことをいうのである。

福音の掟は、無条件的であいまいさをゆるさない。汝のもてるものをそっくりそのままあたえよ、である。それにたいして、政治家はいうであろう。福音の掟は、それが万人のよくなしうるところでない以上、社会的には無意味な要求である。だから、課税、特別利得税、没収というような、要するに、万人にたいする強制と秩序が必要なのだ、と。

しかし、倫理的掟は、そんなことをまったく問題にしないし、そこに掟の本質がある。そこでは、汝のもう一つの頬を向けよということになる。他人になぐる権利があるか、そんなことをとわずに無条件に頬を向ける。聖人でもないかぎりそんなことは、屈辱の倫理であるが、人は、万事について、すくなくとも志の上では、聖人でなければならないし、キリストのごとく生きなければならないのである。

これを貫き通すことができたときに、この倫理は、意味のあるものとなり、屈辱ではなく品位の表現となる。そうでないときは、逆である。というのは、無差別的な愛の倫理をつらぬいていけば、「悪しき者にも力をもって手向かうな」となるが、政治家には、これとは逆に、悪しき者には力をもって手向かえ、さもなければ汝は、悪の支配の責めを負う、という命題が妥当するからである。

倫理的に方向づけられたすべての行為というのは、「心情倫理的」と「責任倫理的」に方向づけられた、根本的に二つの調停がむずかしく、対立した準則のもとにある。

心情倫理家は、純粋な心情の炎、たとえば社会秩序の不正にたいする抗議の炎をたやさないようにすることだけに「責任」を感じる。心情の炎をたえず新しく燃え上がらせることは、おこりうる結果から判断すれば、まったく非合理な行為の目的である。

責任倫理家は、人間の平均的な欠陥のあれこれを計算にいれる。つまり、人間の善性と完全性を前提にすれば、そのような権利はなく、自分の行為の結果が前もって予見できた以上、その責任を他人に転嫁できないと考えるのである。あれこれの結果は、たしかに自分の行為の責任であると責任倫理家はいうのである。

結果にたいする責任を痛感し、責任倫理に従って行動する成熟した人間が、ある時点までできて、「わたしとしては、こうするしかない。わたしは、ここに踏み止まる。」（ルターの言葉）というのであれば、人間的で純粋で魂を突き動かされる。だれしもいつかは、こういう状態に到達しうる。心情倫理と責任倫理は、絶対的に対立するものではなく、むしろ両者があいまって、「政治への天職」を持ちうる真の人間を作り出すのである。

政治というのは、情熱と判断力の二つを駆使しながら、堅い板に力をこめてじわりじわりと穴をくりぬいていく作業である。自分が世間にささげようとするものに比べて、自分の立場からみて、現実の世の中がどんなに愚かであり、卑俗であっても、断じてめげない人間、どんな事態に直面しても「それにもかかわらず」といいきる自信のある人間、そういう人間だけが政治を「天職」とすることができるのである。

五　政治教育の必要性

ブルジョアジー

ウェーバーは、「国民国家と経済政策」において、市民階級の新しい政治的精神を育成することとの重要性を強調している。

ウェーバーは、自分は、ブルジョアジーの一員であって、自分でもそのように感じているという。ブルジョアジーのものの見方や理想のなかで育まれたからである。とはいえ、上に向かっても、下に向かっても、また自分の属している階級に向かっても、嫌がられることをいうことこそ、ウェーバーの科学の使命であった。

そこで、ウェーバーは自問する。すなわち、ドイツ国家のブルジョアジーは、はたして国民を政治的に指導する階級であるといえるほどに成熟しているのか、と。答えは否である。ドイツの建設は、ブルジョアジー自身の力によるものではなく、ビスマルクによってなされたものだったからである。

したがって、国民の統一がなされ、国民が政治的に「飽満」してしまったあとに、成果に酔いしれ、平和に飢えたドイツ・ブルジョアジーの青年層は、「非歴史的」で非政治的な一種奇妙な精霊にとりつかれてしまった。ドイツの歴史は、もはや終点に達したようにみえた。

ドイツ・ブルジョアジーの広い層が政治的に成熟していない原因は、経済的事情にあるのでもないし、評判の悪い「利益追求政策」にあるのでもなかった。政治的未成熟の原因は、ドイツ・ブルジョアジーの非政治的な過去にあった。

ドイツの天頂にあって、ドイツの名声を地球のすみずみまで照り輝かせたあの強烈な太陽、すなわちビスマルクがあまりにも偉大すぎて、ブルジョアジーに徐々に発達しつつあった政治的な判断が思考停止してしまったのである。要するに、一世紀にわたる政治教育という事業を一〇年のうちに取り戻すことができなかったこと、ひとりの偉大な人物の支配下にあるということは、かならずしも政治教育にはならないということである。

しからば、ほかの階級がいっそう偉大な政治的未来の担い手になるのかと、ウェーバーはといかける。

プロレタリアート

近代プロレタリアートは、自分こそブルジョアジーの理想を引き継ぐものであると名乗り出ているが、はたして、国民の政治的指導という役割を引き継ぐことができるのか、とウェーバーは疑問を呈する。ドイツの労働者階級に向かって、きみたちに、政治的に成熟しているとか、成熟しつつあるとかいう人がいれば、その人は、世間のいかがわしい人気をえようとするおべっか使いだとして、その役割の引き継ぎを否定する。

たしかに、経済的には、ドイツの労働者階級の最上層部は、有産階級が利己的な立場からしぶしぶみとめるような程度をはるかに超える成長ぶりをしめしている。

自分たちの利益を守るために、公然たる組織的な経済権力闘争に訴えることもある。しかし、ドイツの労働者階級の最上層部は、自分自身でそう思っているほどには危険な存在ではなく、はるかに無害である。政治的指導という使命をおびた階級につきものの、偉大な「権力」本能が欠けているからである。

ウェーバーは、ほかの階級にたいしてと同じく労働者階級にも、その政治的成熟の度合いをとう。

およそ大国の国民にとって、なににもまして破壊的な打撃は、政治的な教養のない素町人層によって指導されることであるのに、ドイツのプロレタリアートは、いまだに、政治的な素町人根性を洗い落としていないので、政治的にドイツ・プロレタリアートの反対者となっている。

イギリスのプロレタリアートはどうか。イギリスの労働者階級の組織的な経済闘争が、経済的教育を行なったということだけではない。主要な理由は、政治的な契機である。世界的国家という地位のゆえに、国家は、たえず偉大な権力政策的課題に直面し、ひとりひとりの国民が日ごろから政治的訓練を受けてきたことにある。

ところが、ドイツでは、国民が政治的訓練を受けるのは、国境がおびやかされたときに突如としておこるときの一つの現象にすぎないのである。

ドイツをおびやかしていたことは、ブルジョア階級が、国民の権力的価値関心の担い手としては、凋落しつつあるようにみえるのに、労働者階級が、それに取って代わるほどに成熟しているという兆候をまったくしめしていないことである。

ドイツの危険性は、大衆にあるのではない。被支配者層の経済状態がどうかということでもなく、支配階級と上昇しつつある階級に、政治的能力を付与することが社会政策の究極の内容をなしているということである。

ウェーバーは、社会政策事業の目的は、この世の人びとを幸福にするのではなく、現代の経済的発展のためにバラバラになった国民を、きたるべき困難なたたかいにそなえて、社会的に統一することにあるという。

労働運動には、政治的感覚が欠けているが、もしも政治的感覚の担い手であるような「労働貴族層」を実際に作り出すことができるならば、ブルジョアジーに担いきれないようにみえる槍が、ブルジョアジーよりもたくましい労働貴族層の肩にうつされてもいいだろうが、そうなるまでの前途は多難である。

政治教育

そこで、ウェーバーは、大規模な政治的教育事業が行なわれなければならないこと、そして、ドイツ国民を政治的に教育するという課題を自覚して、おのおの自分の身辺の小さな範囲でこの課題の実現に貢献することが、ドイツにとってなによりも厳粛な義務であると主張する。このドイツ国民の政治的教育こそ、まさしくウェーバーたちの科学の究極の目標でなければならないという。

政治的な理想を「倫理的」な理想で置き換えることができると思い、さらに、倫理的な理想と楽観的な幸福の希望を無邪気に同じだと考えている人がいるが、このような考えをいだくのは、気質が脆弱になっているせいである。このような気質の弱体化は、人間として敬愛されてよいが、政治的には、俗臭がぷんぷんするものであって、政治教育の反対物である。

国民大衆の生活の窮乏が問題となっているが、それ以上にいっそう重くのしかかっているのは、歴史にたいするウェーバーたちの責任の意識である。はたして、ウェーバーたちが行なっているたたかいが実を結ぶのか、後世の人びとがウェーバーたちを自分たちの祖先として奉ずるか、こうしたことを自分の目では見届けられないのが、その世代の運命であった。政治的に偉大な時代のあとに生まれた、という呪いを払いのけることはできない。

とすれば、いっそう偉大な時代の先駆者になることを心がけなければならない。だが、そのような地位を占めることができるだろうか。

ウェーバーは、自分自身と自分の理想とに忠実であることこそ青年の権利であるという。

人間を老いさせるのは、歳月ではない。自然が人間にあたえた大いなる情熱をもって、ものごとを感じ取ることができるかぎり、その人は若いのである。

それと同じように、およそ偉大な国民というものは、数千年にわたる輝かしい歴史を背負っているからといって、その重荷のために老衰するわけではない。自分自身と自分にあたえられた大いなる本能とを率直に信じて、それに従っていくだけの力と勇気をうしなわなければ、そして、国民の指導層が、きびしい澄みわたった大気のなかへ毅然として立ちうるならば、この国民はいつまでも若い。

その大気のなかで、ドイツの政治の冷静な事業は、すばらしい真心からの国民的感情によって吹き清められて、栄えてゆく。

このようにウェーバーはいうのである。

第四章　ドイツの歴史学派経済学

一　ドイツの経済学

ドイツ経済学の特徴

歴史的にみてもドイツにおける経済政策理念というのは、かならずしも本来の資本主義の原理に忠実なものではない。協同組合運動ははやくから活発であったし、金融システムでも最初に活発に業務を展開したのは、信用協同組合や貯蓄銀行であった。

貯蓄銀行は、庶民に質素倹約を勧め、貯蓄を奨励するために設立されたものである。庶民が安心して貯蓄できるためには、それがもしかしたらつぶれるかもしれない民間金融機関ではだめだからである。したがって、貯蓄銀行というのは、市町村が最終的に債務保証する金融機関として設立された。庶民から貯蓄預金を集め、それを自治体金融や住宅金融に投入した。

こうして、ドイツは、一九世紀末に重化学工業の母国としてアメリカとともに世界史の表舞台に登場する。ダイムラーとベンツという自動車、ジーメンスやＡＥＧという電機、ＢＡＳＦ、バイエルなどの化学、クルップなど機械などなど世界一流の重化学工業企業が登場し、世界のマーケットですさまじい国際競争を展開した。その半面で、ドイツ帝国において、社会福祉、庶民金融、互助組織など国民を重視する政策もある程度とられた。

第二次大戦後のドイツにおいて採用された経済政策理念というのは、社会的市場経済原理である。それは、ナチス期の統制経済への反省によるものである。経済システムを自由な競争原理にまかせるというものである。しかし、それだけであれば、アメリカ型の競争原理万能の市場原理主義（あるいは市場至上主義）と変わりがない。

たとえば、競争原理を貫徹した結果、貧富の差が拡大したり、地球環境が破壊されたり、規模（範囲）の経済性を追求した結果、低所得者層や社会的弱者が切り捨てられても、経済効率性が高まり、経済成長が実現するのであればやむをえないというのが、アメリカ型市場原理主義の基本原則であろう。

それにたいして、競争原理の導入により、社会的不公平・不公正や経済格差が出てくるとすれば、経済への公的な介入によって、是正しなければならないというのが、社会的市場経済における社会的という含意である。このような、経済政策理念が体系化されたものが社会的市場経済原理である。

したがって、社会的市場経済原理による経済政策は、通貨価値の安定、独占禁止、経済・地域格差の是正、労働者の経営参加、環境保全とエネルギー転換、農業の保護と食の安全の確保、住空間の整備のための私権の制限、福祉国家形成などが中心となる。

市場原理主義と社会的市場経済原理は、古典派経済学におけるスミス、リカードとマルサス、ミルの考え方のちがいに系譜があるように思われる。

古典派経済学

アダム・スミスは、自由競争の貫徹により、神の「見えざる手」によって経済が成長し、富の配分が効率的に行なわれると考えたが、その後、二〇世紀に入ると富の効率的配分ができなくなり、J・M・ケインズによって国家による「有効需要創出」の必要性がとなえられた。

だが、一九七〇年代にいたる不況とインフレが共存するスタグフレーションという事態に見舞われ、ケインズ理論も破綻したといわれた。需要創出ではなく、供給サイドの整備によって経済成長をはかるべきだという主張が出てきた。供給サイドの整備のために、徹底的な規制緩和と自由化を進めて経済を活性化させようという考え方は、アダム・スミスやリカードの古典派経済学の理論につうずるものであって、新古典派といわれ、市場原理主義の理論的前提となっている。

それにたいして、マルサスやJ・S・ミルの考え方を継承したのがドイツをはじめとする欧州連合（EU）であると考えられる。産業革命でイギリスに半世紀もおくれたドイツは、保護主義政策を取った。ビスマルクひきいるドイツ帝国では、「鉄と穀物の同盟」による強権政治が実行されるとともに社会福祉もかなり充実していった。

J・S・ミルのいう定常状態というのは、農産物価格の上昇により、賃金が上昇する結果、企業利潤が圧迫され、経済成長がとまる状態のことである。ミルは、定常状態こそ、貧乏人も金持ちもいない世界と肯定的に評価しているが、その後、資本主義国で、農産物貿易が拡大し、農業・工業技術が飛躍的に拡大したので、いまだに定常状態には到達していない。

マルサスは、食糧増産より、人口増加のスピードがはるかに速いので、悲惨な社会が登場すると予測した。しかし、その後、人口こそ爆発的に増大したものの、食糧生産もそれにつれてある程度は増加したので、工業国における飽食と途上国での飢餓という深刻な問題はあるが、さいわいにも、マルサスのいうような深刻な事態はむかえていない。

しかしながら、ドイツをはじめとするヨーロッパ諸国は、現代の定常状態に直面していると断言せざるをえない。ヨーロッパ諸国は、ミルのいうように、富の公平な分配によって労働者階級の生活水準が高くなるという定常状態をめざしてきたからである。高賃金・高福祉・長期連続有給休暇、福祉国家の実現をめざしてきたので、アメリカや日本の企業と比べれば利潤率の低下は明らかである。

ヨーロッパ諸国は、国民の生活水準の向上とある程度の企業利潤率の確保をめざして、統合にまい進してきた。一九九九年に単一通貨ユーロが導入され、二〇〇七年一月に二七カ国まで膨れ上がったEU（欧州連合）はその必然的帰結であった。こうした、EUも成長が停止する状態に突入しつつある。

現代経済において、利潤率の低下をもたらすのは、人口増加と食料価格高騰によるものだけではなく、環境保全のためのコストの上昇である。このままいけば、地球環境が絶望的に破壊されていくのであるから、その対策コストは莫大なものとなるだろう。そうすれば、企業利潤が極限まで低下し、ついに成長が停止する状態にいたる。

これを回避して、定常状態、すなわちミルのいう、「だれも貧しいものがおらず、もっと富裕になりたいとも思わず、抜け駆けしようとする人のいない」社会をめざしているのがドイツであり、ヨーロッパである。

経済学説史的にはイギリス古典派経済学を集大成したJ・S・ミルにドイツ歴史学派経済学の源流をみる見

方はあやまりであるが、本書では、そのようにみてみたい。

ドイツの経済政策理念である社会的市場経済原理の前提となった経済学的な系譜が、ドイツの歴史学派経済学であることだけはまちがいない。

二　ドイツ経済と保護主義

保護主義の提唱

古典派経済学が産業革命の発祥地イギリスで生まれた支配的経済学であったのにたいして、ドイツで生まれた歴史派経済学（歴史学派）は、上からの産業革命を推進した「後進国」の経済学であった。したがって、経済学史においては傍流にあるといえよう。しかしながら、二一世紀の現段階において、資本主義のあり方を考える上で、ドイツ歴史学派に属するフリードリッヒ・リストの考え方はきわめて示唆に富んだものであると思われる。

リストは、「富の原因は、富そのものとはまったく別のものである」というが、それは、つぎのような理由によるものである（フリードリッヒ・リスト著、小林昇訳『経済学の国民的体系』岩波書店、一九七〇年）。

「個人は、富すなわち交換価値を所有することはあっても、自分の消費するよりも多くの価値を持つものを作り出す力を所有していない場合には、やがて貧しくなる。個人は、貧しくはあっても、自分が消費するよりも大きい総計の価値を持つものを作り出す力を所有している場合には、やがて豊かになる。」

したがって、「富を作り出す力は」「富そのものよりも無限に重要」だということになるのである。

リストは、「分業と自由貿易に基礎をおく『価値の理論』に支配されたアダム・スミスが、『生産諸力の理論』を追求していれば、精神的諸力を物質的状態から説明するという邪道に落ち込むこともなく、スミスを継承する学派が今日にいたるまでわずらっている一切の不条理と矛盾の基礎を作ることもなかった」という。そして、つぎのようにいう。

「価値を生産するのは、豚を飼育したり、バグパイプや丸薬などを製造する人びとであり、生産諸力を生産するのは、教師、芸術家、医者、裁判官、行政官などであり、後者は前者より『高度』に生産的である。というのは、教師は、将来の世代に生産の能力をあたえ、芸術家は、人間の精神に働きかけてそれを純化し、医者は、患者の生産諸力を救い、裁判官は、法律を守り、行政官は、社会の秩序を作り出すことで、それぞれ生産諸力を生産するからである。したがって、国民の繁栄は、国民の富すなわち交換価値の蓄積の大きさではなく、国民が生産諸力をいちじるしく発達させたら、それだけ大きいのである。」

このように考えると、国民の外国貿易は、個々の商人の場合のようにただひたすら価値の理論に従って判断されてはならないということになる。ここから、国内市場の保護の必要性が説かれる。

すなわち、保護関税が、はじめのうちは工業製品の価格を騰貴させるのは事実であるが、完備した工業力を興隆させる能力のある国民の場合には、ときがたつにつれて、これらの製品は、外国から輸入するよりも安く国内で作れるようになるからである。かくして、保護関税によって価値という点では犠牲がはらわれるものの、それは、生産力の獲得によって補償されることになる。結局、「生産力の獲得は、国民の将来のために、大量の物質的財の供給と戦時には工業上の独立を保証する。」

リストは、諸国民の主要発展段階を未開状態、牧畜状態、農業状態、農・工業状態、農・工・商業状態に分類するが、「広くて多種多様な自然資源をそなえた領土のなかに大きい人口を持ち、農業、工業、海運、および国内外の商業を結合させているような国民は、たんなる農業国民よりも比較にならぬほど文明化し、政治的に発達し、強力である。しかも、工業こそ、国内外商業、海運、改良された農業の基礎であり、文明と政治勢力との基礎である」という。ここから、保護貿易によって、黎明期のドイツ工業を保護し、発展させなければならないという根拠が出てくるのである。

ところが、このリストの立論には、大きな欠陥がある。いくら保護主義によって、ドイツの工業力を強化しても、ドイツ国民が「正常国民」にはなれないからである。

「共通の言語、学芸を持ち、農業、工業、商業、海運が均等に発展し、技芸と科学、教育施設と一般の教養が物質的生産と同じ高さにあり、憲法、法律、制度がその成員に高度の安全と自由をあたえるとともに、宗教心と道徳性と幸福を向上させ、自国の独立と自主を防禦するとともに、自国の外国貿易を保護するのに十分な陸海軍を持っている国民が正常国民」であって、この状態にいたることは不可能ではないだろうが、その条件としてかかげられている、多様な資源に富み、広くてまとまりのよい領土と大きい人口を持っていないからである。

リストとナチズム

そのため、リストは、ヨーロッパ大陸同盟構想や英独同盟構想を持っていたし、「農地制度論」(小林昇訳、岩波書店、一九七〇年)では、バルカン方面への殖民を主張している。この「農地制度論」の構想とナチズムとの間に政策思想上のつながりをみる考え方がある(「小林昇経済学史著作集Ⅵ」未来社、一九七八年)。

すなわち、「リストは、晩年の一八三四年に後進国ドイツの取りうる世界政策の限界を明瞭に理解し、『ドイツはイギリスのようにはなれないし、そうなってもいけない』といった。というのは、ドイツは、工業と商業の優越する国になってはいけないからである。リストは、ドイツでは、この二つの要素が第三の要素である農業と均衡を保持しなければならないので、海外植民地の確保ではなく、実現性はともかく、東南ヨーロッパを再生産圏とする『準帝国』の建設で満足するようになった。

ドイツが産業革命を進展させ、工業生産力の無制限の向上を実行しようとすれば、農業制度との矛盾が出てくるので、農業にたいする国家の配慮が必要になってくる。というのは、資本の攻勢による没落を回避しようとする中小農民の土地と血への執着にもとづく国家主義的意識が強調されていくということである。とすれば、ボナパルティズムをおそれたデモクラート・リストは、一方でプロレタリアートをおそれたので、みずからはからずものちにナチズムの思想を培いつつあったのではなかろうかということになる。」

こうしたナチズムに思想的継承がなされたという論調にたいして、リストの考え方がマックス・ウェーバーに継承されたという考え方がある(住谷一彦「リストとヴェーバー」未来社、一九六九年)。

すなわち、「リストの『農地制度論』は、ドイツ資本主義のための国内市場形成の上に決定的な歪みをあたえている封建的諸関係、とくに共同体に根づいている零細土地所有・経営の蔓延を阻止し、近代的な中産的農民層を創出することにより根底からドイツの社会構造の近代化を遂行しようとして執筆されたものである。この社会構造の近代化という考え方がマックス・ウェーバーに継承された」というのである。

リストの考え方がナチズムにつながるのか、ウェーバーにつながるかは見解のわかれるところであるが、リストのつぎの言葉をみると、ナチズムを止揚して、ドイツが第二次大戦後、西ヨーロッパの統合に積極的に参加した思想的源泉もまたリストにあるような気がする（リスト、前掲訳書）。

すなわち「大きい人口と広くて多様な自然資源に富んだ領土とは、正常な国民国家に不可欠な要件であって、精神的教養にとっても物質的発展や政治勢力にとっても、根本をなす条件である。人口と領土とが十分でない国民は、ことにそれが特有の言語を持つときには、いじけた学芸しか持てず、技芸と科学との促進のためには、はんぱな施設しか持てない。小国は、その領土のなかでさまざまな生産部門を十全に発展させることなどとうていできない。そこでは、どんな保護でも私的独占になる。小国はただ、もっと強力な国民との同盟により、国民国家の利益の部分的犠牲により、また異常な努力によって、かろうじてその独立を保つことができるにすぎない。」

一八四一年に書かれたこの著書を読むと二一世紀の今日、アメリカ「帝国」に付き従い憲法違反の自衛隊の海外派兵まで行なう「小国」日本を見据えていたのではないかと思ってしまう。

ヨーロッパ統合に参加して「正常国民」になろうと努力してきたドイツと、アメリカにすがって生きてきた日本との決定的なちがいがわかる。したがって、日本がおくればせながら「正常国民」をめざすとすれば、アジア共同体結成に向かうしかないのではなかろうか。

経済哲学と世界連盟

リストは、現代の経済学に二つの示唆的なことを明らかにしている。一つは経済学のあり方、もう一つは国際的統合の展望である。リストは、経済学は、つぎのように、哲学、政策、歴史の上に立脚するという。

「哲学は、諸国民のますます強い接近、戦争の全力的な回避、国際的に法が支配する状態の樹立と発展、現在、国際法とよばれるものから国家連合法への移行、精神上および物質上の国際交流の自由、法規のもとでの全人類の結合、すなわち世界連合を未来と全人類のために要求する。」

「政策は、国民の独立と存続とにたいする保障、文化と幸福、勢力の発達の促進のための、また、それがあらゆる部面に向かって十分かつ調和的に発展しつつ、みずからは完備し独立した国家の一つをなすような社会状態を形成するための特別な方策を各個の国民のために要求する。」

「歴史は、未来が要求するものにはっきりと答えて、どんな時代にも人間の物質的・精神的幸福は、その政治的統一と商業的結合との拡大に比例して増大してきたことを教えている。他方、みずからの固有の文化と勢力の促進に、特別に留意しなかった国民が滅亡しているということを教えている。」

このようにリストは、経済学がたんに利潤追求ではなく、平和で豊かな国際社会をどのようにして構築するかという学問であって、歴史から学び、物的な豊かさの追求を行なうが、あくなき利潤追求をある程度抑制する経済哲学が必要だといっているのであろう。しかも、戦後、アメリカ型の政治・経済・社会システムとその行動様式を積極的に取り入れて「アメリカ化」し、固有の文化に特別に留意しなかった日本国民は滅亡するのであろうか。

リストは、つぎのように、国際的統合の展望を明らかにしている。

すなわち、「国民は、戦争によって文明と幸福を奪われるので、国民国家の維持、発達、改善の努力を行なうことは、利己的な努力ではなく、理性的かつ全人類の真の利益と完全に一致した努力である。というのは、それは、おのずから制定法のもとでの諸国民の究極的統一すなわち世界連合を成立させるからである。しかも、この世界連合は、多くの国民が同等の段階の文化と勢力とに到達して、その結果、世界連盟という方法で実現されてはじめて、人類の幸福に役立つことができる。」

リストは、それにたいして、ただ一つの国民の圧倒的な政治勢力と圧倒的富から生まれて、ほかの諸国民国家を屈服と従属におく世界連合は、いっさいの国民的特質と諸民族のあいだのすべての競争とを衰微させることになるという。これは、二〇世紀末に超絶的軍事大国となったアメリカによる、みずからの民主主義が絶対的・普遍的に正しいので、世界に普及させなければならないという単独行動主義をきびしくいましめるものであろう。まさに、国民国家の維持、発達、改善こそが世界平和の前提になるからである。

したがって、それは、独立と高度の富、高度の政治的勢威との獲得がみずからの使命だと思っているすべての国民の利益と感情とも衝突するのである。アメリカによるイラク侵攻をみるまでもなく、アメリカ型民主主義の押し付けに、誇り高きアラブ諸国が抵抗するのは当然のことであろう。民族の誇りをかなぐりすてまで、アメリカにあくまで付き従う日本こそ、衰微していく運命にあるのではなかろうか。

リストの世界連盟という考え方が、第二次大戦後のヨーロッパの統合の理論的さきがけとなったのかどうかはわからない。

「価値の理論」に支配されたアダム・スミスの考え方の対極に、「生産諸力の理論」をおいたリストの経済学を継承したからこそ、ドイツにおいて、利潤追求一辺倒の市場原理主義ではなく、社会的公平性と公正さを追求する社会的市場経済原理が生まれるとともに、第二次大戦後、ヨーロッパの統合から欧州連邦まで進みつつあるのではなかろうか。

三　ウェーバー社会学の基本概念

「パーリア」的資本主義

マックス・ウェーバーの研究分野は、経済社会学、法社会学、政治社会学、そして宗教社会学など多岐にわたっているが、ここでは、ウェーバーによって提起された「人類の歴史とともに古い」資本主義と近代資本主義の非連続性についてみてみることにしよう（『一般社会経済史要論下巻』）。

ウェーバーは、暴力に訴えることなく、商業や金貸しなど金儲けを行なう経済システムをすべて資本主義とよんでいる。そうしたなかで、ウェーバーは、それまでと異なる西欧資本主義を成立させたといわれるいくつかの要因を取り上げて、こうした資本主義ではないと結論づけている。

人口の増加が資本主義発展の条件であるといわれるが、一八世紀初頭から一九世紀末まで西欧で人口が増加したものの、同じ時期に、中国でも同程度の人口増加があったことをみればそうではない。貴金属の流入についてみれば、アメリカの発見後、最初にスペインに流入したが、かえって資本主義発展の後退が生じた。

地理的条件をみると、地中海は、交通が便利であったが、この地域で資本主義は生成しなかった。戦争需要も奢侈需要も、それ自体としては資本主義の発展を促進しなかった。

であるとすれば、結局のところ資本主義を生み出したものはなにか。それは、合理的な持続的企業、合理的簿記、合理的技術、合理的法律などであるが、それだけにつきるものではない。これに付加して、補完するものがある。すなわち、合理的精神、生活態度の合理化、合理的な経済倫理などである。

ウェーバーは、結論として、近代資本主義の萌芽は、東洋および古代の経済教説と異なり、営利資本を敵視してやまない経済教説が公然と行なわれていた領域にもとめなければならないとしている。この東洋および古代の経済教説の上に成り立つ資本主義を、ウェーバーは「パーリア」的資本主義とよんでいる。ちなみに、パーリアというのは、インド南部の最下層民のことである。

要するに、西欧で成立した資本主義が合理的資本主義であって、それ以前の「人類の歴史とともに古い」資本主義というのが「パーリア」的資本主義なのだということなのである。「パーリア」的資本主義というのは、暴利をむさぼる商業、高利の貨幣取引業務、投機を指向する「冒険商人」的業務を行なうということ、すなわち営利的貪欲さを特徴とする資本主義のことである。

ウェーバーは、利潤追求を基底的動機とするはずの近代資本主義が、徹底的に利益を追求し、さかんな商業・金融活動を行なってきた「パーリア」的資本主義を継承するものではなく、営利欲とはまったく逆の、それを嫌悪したピューリタニズムの禁欲的倫理から生み出されてきたというのである。

基本概念

ウェーバーは、社会学的分析を行なう上で、次のように、いくつかの特徴的な概念を提起している（安藤英治、前掲書）。

価値自由というのは、時流に抵抗する勢力の最後のよりどころであったウェーバーの抵抗原理である。先入観と独断の強制にたいする一つの抵抗は、その先入観と独断を科学の世界において拒否することであった。価値自由というのは、「存在するもの」と「存在すべきもの」を原理的にわけることである。

理念型（あるいは理想型）というのは、観念の世界において、観念どおりという意味での純粋な姿のことである。現実の世界では、無限の雑多な要素が組み合わされており、その姿が純粋にはあらわれていないからである。そこで、認識技術として、対象の特定面や特性をいわば純粋培養的な姿かたちに組み立てて考察する方法である。

ウェーバーは、「社会学の基本概念」（清水幾太郎訳、岩波書店、一九七二年）において、外界の対象の反応や人間の態度を期待し、この期待が合理的、結果として追求され、考量された自己のために条件または手段として利用する目的合理的行為、ある一定の態度が純粋にそれ自体として、倫理的、美的、宗教的その他、無条件の固有価値を持っていることを意識的に信じる価値合理的行為、情緒や感情状態による感情的行為、習い性となった慣習による伝統的行為に分類している。

商業資本家は、利益追求を行なう目的合理性をめざしたのにたいして、産業資本家は、倫理的な行動様式により価値合理的行為を実行し、近代資本主義構築の原動力となった。

実践理性というのは、ウェーバーにおいては、純粋理性にまさっていた。ウェーバーの主張は、「論語読みの論語知らず」にたいする攻撃であった。人の思想というのは、書いたり、しゃべったり、考えたりすることだけではなく、実際に行動することがその人の思想であると考えた。ウェーバーがその人生においてもっとも重視したモラルは、誠実に責任を取るということ、すなわち言行一致ということであった。

客観性というのは、明晰にして判明な認識のことである。明晰にして判明な認識というのは、およそ異質のものを区別する能力であり、人間の認識能力の限界を知る限界認識である。客観性という言葉は、主観に依存しないということと普遍的に妥当するという二つの意味で使われる。

禁欲というのは、本来の意味のほかに、特定の行動を行なうために、行動を阻害するような欲望をおさえ、統御することである。首尾一貫した態度が誠実である。情熱も方法的に規制されうるときにはじめて人間の行為は動機を維持できる。ウェーバーは、こういう自己統御、自己統制を能動的禁欲とよぶ。こういう能動的禁欲によって、たんなる感覚的存在としての人間から高次の自我に到達するのである。

心情倫理と責任倫理というのは、前者が動機の純粋さであり、後者が行為のおよぼす効果である。ウェーバーは、「職業としての学問」（尾高邦雄訳、岩波書店、一九八〇年）において、倫理的に方向づけられたすべての行為は、根本的に異なった二つの調停しがたく対立した準則のもとに立ちうるとして、心情倫理的と責任倫理的という二つの方向づけを提示した。

本質的に「強力」を不可欠の手段とし、目的がどこまで手段を神聖化するかという問題がある政治の世界では、心情倫理はまさに「子どもの倫理」である。政治の世界では、結果に責任を持つ責任倫理に立脚する人が「大人」である。政治は、効果と成果こそが問題となる世界だからである。

自然主義というのは、自然科学の発展により、自然科学的方法の優位が主張され、人間の社会や歴史も自然科学的方法によって解明しようとする考え方である。

ダーウィンの適応と淘汰の理論が資本主義や国家単位の分析にも適応されるようになった。自然主義によれば、資本主義も階級闘争の激化によって、より高次の段階に自動的に移行するということになる。ウェーバーは、人生をもっぱら感覚、快楽、高揚で測定する立場も自然主義とよんでいるが、これを平均倫理とよび、規範の拘束を主張するウェーバーの立場を英雄倫理として対決させた。

国家理性というものの中心に、ウェーバーは、国防の問題をおいている。低賃金労働者が東部から西の工業地帯に流出した結果、東部で外国人労働者が採用され、定着するようになれば、国防の危機に見舞われるからである。

したがって、ウェーバーは、福祉が経済政策の究極の価値理念ではありえず、国民の質が問題であるという。すなわち、ドイツ文化を守るための国民国家を建設する国民的偉大さが問題で、ジャガイモをどれだけ食べるかが問題ではないとまでいう。その担い手は、ユンカーではなく、労働者も未熟なので、ウェーバーは、ブルジョアジーに政治教育をほどこして政治的に成熟することを期待する。

カリスマというのは、他人の魂のなかにまどろんでいる感動をよびさます力、人の魂を突き動かす資質のことであり、そういう力がエートスである。

自由というのは、安全と正義がほとんど本質的に乖離してきた現代社会の一つの根本問題であるが、安全のために、ロゴスをへし曲げてはいけないというものであり、そういう意味での自由な精神がウェーバーの思想であった。ロゴスというのは、本質的に自己弁護の擁護論におちいる傾向のある自分を利する論理ではなく、自分という存在を超えた超越者として働く論理、すなわち自分をしばる論理である。

自然科学というのは、一般に、ウェーバーの「職業としての学問」によれば、もし人生を技術的に支配したいと思うならば、われわれはどうすべきであるかということにたいして、われわれに答えてくれるものである。しかし、そもそも技術的に支配されるべきかどうか、またそのことをわれわれが欲するかどうか、ということ、さらにまた、そうすることがなにかと区別する意義を持つかどうかということ、こうしたことについては、なんらの解決もあたえず、あるいは、むしろこれを当然の前提とするとのべている。

四　新歴史学派と社会的市場経済

新歴史学派

一九世紀初頭に、イギリスの主流派経済学にたいして、ドイツを中心として形成された歴史学派経済学は、法律・宗教・経済、人間の行動などを歴史的な観点からとらえようとするものである。

歴史学派は、アダム・ハインリッヒ・ミュラーやフリードリッヒ・リストなどの草創期歴史学派、ヴィルヘルム・ロッシャー、ブルーノ・ヒルデブラント、カール・クニースなどの旧歴史学派、グスタフ・フォン・シュモラーが君臨した新歴史学派、ヴェルナー・ゾンバルト、マックス・ウェーバー、アルトゥール・シュピートホフなどの最新歴史学派にわけられる（トマス・リハ著、原田哲史他訳「ドイツ政治経済学」ミネルヴァ書房、一九九二年）。

歴史学派のうち新歴史学派は一八七〇年代に登場したが、その学説の特徴は、つぎの点にある。

第一に、経済学における道徳的要素が無視されるべきではない。私的利害にもとづく行動は、私経済の分野はもちろんのこと、社会問題において、道徳的関心によって牽制されコントロールされなければならない。

第二に、社会にたいする個々人の関係がいちじるしく重要視された。個々人の自由の範囲を社会の経済生活に従属させようとする試みがなされた。

第三に、国家と国家の活動とは、自発的な個人的努力によっては達成されることのできない社会目的を実現するために不可欠である。

第四に、政治経済学者の役割は、たんに科学的研究に限定されるべきではなく、政策決定において積極的な役割をはたすべきである。

このように、社会問題の解決に取り組んだところに新歴史学派の大きな特徴があるが、社会問題が発生する母胎である市民社会が、アダム・スミスの「国富論」が前提とするような「経済人」で構成されていることを批判する。神の「見えざる手」に導かれて行動する「経済人」を前提とするかぎり、経済生活の自己法則性を打ち破れないことを会得していた。新歴史学派は、経済生活の根底に「倫理人」をすえることによって経済法則を倫理化し、経済にたいする国家の「外から」の政策的干渉を正当化することに成功したのである（住谷一彦、前掲書）。

具体的には、新歴史学派は、社会問題の改善に寄与することを目的とし、教育費の公的給付や公的保険の導入、生産・運輸の適切な業務運営を保証する法律の制定、とりわけ婦人・児童・老人・障害者・疾病者などの社会的弱者の保護という施策の実施を主張した。

要するに、新歴史学派は、所得と富の分配に注目したのである。

すなわち、限界生産力に従った所得分配の自然法則が持つ規範的妥当性を拒否し、富の増加は、なによりも生産の増大によってのみ生ずるという見解は疑わしい命題であると主張した。したがって、富の分配は、歴史的にたえず発展する社会構造に依存すると考えられ、所得分配にたいする国家の干渉は、労働者の生活水準を改善するための実行可能な手段なのである（トマス・リハ著、前掲書）。

このように所得と富の分配に注目するという視点は、J・S・ミルの考え方につうずるものがあると思うが、新歴史学派の主張が、当時のドイツ帝国の政策にどれだけの影響をおよぼしたかはよくわからない。

社会改良をめざす人びとのほとんどが新歴史学派の支持者で、講壇社会主義（教壇の社会主義者や大学教授の社会主義）とよばれたので、あまり現実の政策決定には関与できなかったのであろう。それでも、ビスマルク治世下のドイツ帝国で労働者の懐柔のためとはいえ、ある程度、社会保障政策が実行されたのもまた事実である。

社会的市場経済原理

一九三〇年代初頭、ドイツの社会政策学会において歴史学派に対抗するかたちで新自由主義が台頭した。このグループのなかで、ヴァルター・オイケンは、フライブルク大学を中心に形成されたフライブルク学派（オルド自由主義）に属し、アルフレート・ミューラー・アルマックやヴィルヘルム・レプケは、社会学的新自由主義（経済ヒューマニズム）の考え方を明らかにした。そのうち、アルマックがオイケンの考え方を取り入れて使った言葉が社会的市場経済である。

じつは、この三人はともに北ドイツの出身で、プロテスタントの家庭で育ち、熱心なクリスチャンであった。ウェーバーのいう「プロテスタンティズムの倫理と資本主義の精神」を身に付けたこの三人が、第二次大戦後のドイツにおいて、アメリカ型の市場原理主義に対峙する社会的市場経済原理という経済政策の礎を築いたということは、たんなる歴史の偶然ではないであろう。

アルマックも社会学的新自由主義に属するが、第二次大戦後における旧西ドイツの経済政策の基本理念である社会的市場経済という言葉をはじめて使ったのは、アルマックであるといわれている。

アルマックは、市場における自由の原則を社会的平衡（安定）の原則と結合すること、競争経済を基礎として、自由の創意をほかならぬ市場経済の効率さによって保証される社会発展と結合することをめざすのが社会的市場経済原理であると定義した。ここで、アルマックの見解をみてみることにしよう（福田敏浩「社会的市場経済の原像」『彦根論叢』第三二〇号、参照）。

ドイツのナチズムは、経済を国家に従属させることによって社会問題の解決をはかろうとしたが、ナチ政府が場あたり的に行なった価格凍結や賃金凍結の政策は市場経済の機能麻痺をもたらし、ついには、国家による資源の全面的割り当てを余儀なくさせた。経済統制は、干渉主義のゆきついた最終にして究極の形態にほかならず、その結果、経済生活における個人の自由が抑圧され、物心両面での国家への隷従が強いられた。

このようにナチズム経済を規定することによって、自由の価値に合致する経済システムとしての市場経済と社会的安全という二つの価値観が提示される。

すなわち、経済的自由と社会的安全の結合、あるいは自由主義秩序と社会的安全の真の結合という価値観が提示されたのは、市場経済、すなわち市場価格メカニズムには、社会的諸問題を解決する能力はないので、人びとの生活をおびやかす失業や貧困、環境破壊などは社会的に解決しなければならないからである。

社会的市場経済原理の社会的という言葉には、社会的解決という意味がこめられているのである。社会的安全には、市場経済が暴走することによって生ずるさまざまな諸問題を、事前に制御するという重要な意味もこめられている。

社会的市場経済原理の政策体系の大きな特徴の一つは、国家による経済への干渉をみとめていることである。ただし、経済への干渉は、統制経済とちがって、全体的秩序理念を基礎にした市場整合性の原則に従って行なわれなければならないというものである。

具体的には、たとえば、「独占禁止法」などのように市場価格メカニズムのインフラにあたる経済秩序の形成を目的とするものである。このような経済秩序は競争秩序とよばれている。さらに、国家は社会にも積極的に干渉する。要するに、国民に自由で安全な生活を保証しうるような、社会秩序の形成をめざした社会政策遂行も国家の役割ということなのである。

もう一つは、社会政策の推進であり、それは、自由と安全の保証からなっている。具体的には、市場経済システムを国家、社会、技術、法律のなかに組み込むとともに、これらの領域のあいだでの内的調和を実現すること、市場経済を野放しにすると人間疎外のような精神世界のプロレタリア化をまねいたり、所得格差や貧富の差、失業などが生み出されるので、国民に安全な生活を保証するために、社会的なアンバランスを是正しなければならないということである。

第五章　「社会主義」体制の崩壊

一　旧東ドイツの崩壊

出発点での劣勢

第二次大戦後、旧ソ連の占領下に入った東ドイツ地域は、一九四九年一〇月七日にドイツ民主共和国（東ドイツ）として「建国」され、「社会主義国」への道を歩むことになった。

戦前ドイツの重化学工業のほとんどが、分割されたドイツ連邦共和国（西ドイツ）に帰属したので、東ドイツには、農業とわずかの工業（たとえば、ベルリン周辺に比較的多かった電機工業など）しかにのこされなかった。このことを一つ取ってみても、東ドイツの経済発展は、そのはじまりからいちじるしく困難であったことがわかる。

そのほかに、つぎのような深刻な困難さもかかえていた。

第一に、戦争による直接の被害がきわめて大きなものであったことである。それは、東ドイツ地域は、ドイツ軍が徹底的に抵抗した決戦場となったこと、東部戦線では、ドイツ軍の退却にさいして、各種施設、工場、橋梁などの爆破、食料品や貯蔵庫の焼却などが行なわれたことによるものである。連合軍もソ連占領予定地域を「計画的」に爆撃し、「社会主義化」をおそれたドイツ軍や連合軍は、生産設備や技術、設計図、技術者などを西ドイツ地域に移転させた。

第二に、西ドイツでは、とくにアメリカによって、賠償の取り立てというよりもむしろ経済復興のために各種の援助が行なわれたのにたいして、東ドイツの事情は、まったくその正反対であった。

ソ連は、賠償義務を履行させるために、ただちに工場施設の解体と搬出に取り掛かった。それは徹底的に行なわれ、鉄道の線路、高圧線や電信線の碍子、住宅や官庁の水道設備にいたるまで接収された。複線の鉄道線路は、そのほとんどすべてが第二軌道を枕木とともに運びさられた。単線の場合でさえ、線路をうしなって営業停止に追い込まれるものもあったという。ほかの生産設備でも同じようなことが行なわれた。

第三に、戦争によって多くの青壮年男子が犠牲となったが、戦後も米英仏の西側諸国に占領された西ベルリンを経由して人口流出がつづいたことである。その中心は、青年、熟練工、医師、技術者、科学者などであり、労働力の質の低下がいちじるしいものとなっていった。これを防ぐために一九六一年に「ベルリンの壁」が建設された。

第四に、戦前のドイツ帝国は、西エルベ工業地帯と東エルベ農業地帯の統一された経済循環と再生産構造によって構成されており、東エルベ農業地帯が「独立」したところで、そもそも一国の経済循環が成り立ちえなかったことである。

このようにみてくるならば、東ドイツは西ドイツと比べて、初発からきわめて深刻なハンディを背負っていたことがわかる。

計画経済の問題点

ここで、「社会主義」経済システムの非効率性をはじめとする、旧東ドイツ経済の問題点についてみてみることにしよう。

第一に、申請してからすくなくとも一〇年以上も待たなければ、乗用車の新車が買えなかったという事態に東ドイツ経済の問題点が集約されていた。

子供が生まれたらただちにその子の結婚祝いのために新車を注文しなければ、結婚式にまにあわなかったといわれている。誇張されてはいるが、そんな状況だったのである。このような状態では、技術革新もサービスの向上も望むほうが無理というものである。東ドイツの事例は、競争原理が欠如すると、経済の質がいちじるしく低下するということを劇的にしめしていた。

第二に、原材料および資金不足によって、インフラストラクチャーの整備がおくれ、更新投資や新規投資がままならなかったことである。

たとえば、電話の普及率はわずか七％にすぎなかった（これは、市民同士の連絡をさせないためともいわれているが）。一九九〇年のドイツ統一当時、西ドイツの鉄道の電化率は四三％であったのにたいして、東ドイツはわずか二五％にすぎなかった。東ドイツ八二〇〇の鉄橋のうち三五〇〇ヵ所は建設後八五年以上経過していた。道路は、西ドイツでは、一九六〇年以降六〇〇〇キロ以上建設されたが、東ドイツでは四八〇〇キロにすぎなかった。

第三に、「社会主義」圏では、石油は、貴重な外貨獲得手段であったので、東ドイツは、エネルギーの自給路線を追求しなければならなかったことである。

そのために、環境汚染が深刻化してきた。というのは、東ドイツでは、自給できるエネルギーは、石炭より熱効率の悪い褐炭だけであり、それを使用しなければならなかったからである。さらに、環境保護のための装置もコストがかかるのでほとんど設置されなかった。もっとも人間的な体制で、しかも労働者の国家であるはずの「社会主義」において西側以上の環境破壊が行なわれてきたのである。

第四に、東ドイツは、ソ連および「社会主義」国際体制の工業とインフラストラクチャー整備のための重化学工業の供給国として位置づけられた。そのため、質は低いものの輸出用の重化学工業が肥大化し、国内での消費材生産が極度に圧迫されることになった。

第五に、東ドイツの農業政策は、貴重な外貨を西側からの生産財・資本財などの輸入にあてるために、農畜産物の自給率を必死に向上させることに重点がおかれ、一九八〇年代の後半には、ついに自給率一〇〇%を達成した。だが、農業生産性の上昇だけを重視したので、農薬や化学肥料が大量に投与された結果、食料が汚染されるとともに、水質汚染をはじめ環境汚染が深刻化した。

第六に、マックス・ウェーバーが指摘したように、共産党（社会主義統一党）の党官僚支配がきわめて強大で、絶望的に非効率的だったことが東ドイツ崩壊の最大の要因であった。

当時、一六〇〇万人の国民のうち、職業軍人、さらにまた秘密警察、国境警備隊、国内治安を担当する警察官など国家権力を支えるための組織に、じつに人口の三%以上、約五〇万人が属していた。こうした要員、ならびに対外活動を支える人びとは、いずれも東ドイツ一般の賃金水準に比べて数倍の高い給与、高額の退職金と年金、相体的に良質な住宅、そのほかすべてにわたって優先的な生活資源の配分を受けていた。この過重な資源の配分そのものが、東ドイツ経済にあまりにも重い負担となっていたのである。

　このように、企業間競争がなく、企業が独占的供給者であるために、企業部門でも技術革新のインセンティブが働かなかったこと、企業経営が党官僚によって牛耳られていたことなどによって生産性が低下した。このことが、東ドイツ経済の大きな問題であった。

　しかしながら、一九八九年一一月に「ベルリンの壁」を開放させた民衆の力は、いわゆる物不足によるものではなかった。品質ということさえ目をつぶれば、国家財政の援助によるきわめて安価な消費物資が手に入ったからである。また、交通費もきわめて安く、住宅は廉価で、保育所や病院などは無料であった。ただ、大量の農薬や化学肥料などで汚染された食料は、いちじるしく危険なものであったが。

「ベルリンの壁」を開放させた力は、東ドイツの秘密警察の存在による言論と自由への弾圧、党官僚の特権階級化と汚職などへの民衆の激怒であった。

二　資本主義と社会主義

社会主義崩壊の根拠

　ウェーバーは、一九一八年にウイーンにおけるオーストリア将校団にたいして行なった講演において、「社会主義」（濱島朗訳、講談社、一九八〇年）の本質を明らかにし、その崩壊を明確に預言している。その講演の核心は、政治の世界だけでなく、企業経営の分野でも進む官僚制化というのは、資本主義ばかりか社会主義でもいっそう強められたかたちでつらぬく歴史の必然であり、宿命であるというものである。

この官僚制化不可避論の立場からすると、社会主義社会でも人間にたいする人間の支配はなくならず、プロレタリア独裁が官僚独裁にすりかわり、勤労大衆の解放はおろか、人間の自由は、ますます抑圧されるほかないということになる（同書、訳者はしがき）。

現実の「社会主義」国として存在したソビエト社会主義共和国連邦やドイツ民主共和国は、まさに共産党（ドイツは社会主義統一党）官僚独裁として非効率化していき、ついに崩壊した。

しからば、資本主義世界でも官僚化が支配的な日本は、いつ崩壊するのであろうか。日本でも「大きな政府から小さな政府へ」という合言葉のもとに、官僚支配の構造を打破しようという動きが活発化してきているのであるが。

二〇〇六年九月二六日に誕生した安倍政権も、官僚支配を打破するために、首相官邸主導の政治の遂行をしようとした。うまくいかなかったが、首相補佐官を五人も任命して、アメリカのように、政治家主導の政治を行なおうとしていた。

日本では、構造改革という名のもとに「小さな政府」の実現ということで、国民の生命・財産を守るという国家の役割がいささか軽視される傾向があるが、閉塞的な官僚支配、非効率的で無駄な官僚行政、高級官僚の天下りの打破などの点では、官邸主導自体はいいことであったが、そんなに甘いものではなかった。

やはり、強大な権力を有するアメリカの大統領制と、日本の議院内閣制では、根本的に政治システムが異なっている。日本の官僚機構は、いまでも強大な力を持っている。このまま、強力な官僚支配構造がのこれば、かつての「社会主義」国のように、日本も崩壊してしまうのであろうか。

ここで、ウェーバーの社会主義崩壊についての論理をみてみることにしよう。

民主主義・官僚制・社会主義

住民の個々の階級のあいだに、政治的権利の形式的不平等が存在しないというのが民主主義である。しかし、それは、まちまちな結果をもたらした。

民主主義の古いタイプは、スイスにみられるように、全住民が集まって、すべてを票決する直接民主制である。しかし、このような民主主義は、法律上は存在したとはいえ、事実上は、資産家などによって貴族主義的に運営されていたというのが実態であった。というのは、政治に主体的に参加する人びとというのは、無給であったので、経済的にゆとりがなければ、参加できなかったからである。

したがって、民主主義というのは、名誉職にある金持ちによって安い費用で遂行されるか、それとも有給の職業官僚によって高い費用で治められるか、のどちらかが選択されなければならない。後者の職業官僚群の発達は、アメリカのように、名誉職ではまにあわなくなった大規模な近代民主主義国家の運命となった。

大統領によって任命されたアメリカの官僚は、職務遂行の質やとりわけ清廉潔白という点で全体としてすぐれたものである。しかしながら、官僚は、大統領が代わる四年目ごとに交替し、専門資格ということには、ほとんど重きがおかれず、素人による行政であった。というのは、政党によって任命されるこれらの官僚は、政党に忠勤をはげむということで、官僚になれたからである。

ところが、アメリカでも素人では、政治をやっていけなくなってしまった。ヨーロッパで実際に存在するような官僚群、すなわち、大学教育を受け、専門的に訓練された身分的には官僚である階級が出てきた。

長年にわたる専門的訓練、不断に進展してやまない専門分化、そのように教育された専門的官僚群による管理が必要となるという事実は、社会主義といえども考慮にいれなければならなかった。近代の経済システムというのは、それ以外の方法で管理することはできないからである。このような官僚制化は、工場においても、大学・研究所においても、軍隊においても進む。

昔の騎士は、馬匹や甲冑の所有者で、武装と給養を自前で用意しなければならなかった。封建時代に行政権や裁判権を授与されていた官僚も同じであった。官僚は、行政や裁判の費用を自分で持ち、その代償として手数料をえるという行政運営手段を所有していた。近代国家は、君主がそれを自分の家政のなかに取り込み、経営手段からの官僚の「分離」が行なわれることによって成立したのである。

経営手段からの労働者の分離は、民間経済だけに固有な現象ではない。民間工場主の代わりに、国家の大統領や大臣が管理する場合も、事態は根本的に変わるものではない。したがって、社会主義といえども官僚制化を回避することはできないのである。

資本主義と社会主義

民間経済秩序というのは、経済的必需品の供給が民間企業家の手にゆだねられているので、この企業家が取引契約や賃金契約をつうじて物的経営手段、職員、労働力を調達し、さらに、みずからが経済的危険を負担し、自己の利益を期待して財貨を生産し、それを市場で売却するというかたちで、経済的必需品の供給が行なわれるというものである。

社会主義理論は、このような民間経済秩序を「生産の無政府状態」とよんでいる。それは、個々の企業家がみずからの製品の売れ行きによせる私的関心、すなわち金儲けの関心が、その財貨を必要とする人びとのくらしを保証するように働くかどうかを、なりゆきにまかせるものだからである。

民間経済が、民間官僚制組織と労働者の経営手段からの分離と結び付いて、かつてみられない範囲で支配しているが、これが工業生産である。労働手段からの労働者の分離に特有の色調をあたえるものは規律であり、このような状況と工業規律から近代社会主義が生まれた。

近代的工業経営は、はげしい淘汰過程にもとづいて遂行される。競争の重圧のもとで、高価に付く労働は、新機械の導入によって排除される。かくして、熟練労働は、不熟練労働あるいは機械に修練した労働者におきかえられるようになる。

これらは、社会主義論が「人にたいする物の支配」と考えるものである。そこで、社会主義論は、人格にたいしてではなく、生産の秩序そのものに立ち向かうのである。

社会主義は、広い意味で「共同経済」とよばれるが、それは、利潤のない経済、したがって、民間企業家が自己の責任で生産を行なうことのない経済である。その代わり、この経済運営は、管理の任にあたる人民団体の官僚の手にゆだねられ、その結果として、いわゆる生産の無政府状態、いいかえると企業家相互間の競争ということは存在しない。

ドイツも、もともと戦争のために、このような「共同経済」の発展のさなかにあるといわれることがあった。それは、原料供給、信用調達、価格、取引関係などが、国家官僚と企業家層との協力のもとで行なわれ、そのために、かなり計画的に規制されうるし、国家がこのシンジケートの利得や議決に参画することも可能だったからである。そうなれば、企業家は、これらの官僚に監督され、生産は、国家によって統制される。したがって、「真の」「本来の」社会主義が実現されているか、あるいはその途上にあるとも考えられる。だが、平時にこのようなことはできない。

しかし、国家政策的官僚群とカルテル、銀行、巨大経営などの民間経済的官僚群は、別々の団体として並立していれば、政治権力によって、経済的権力をともかくおさえることができるが、やがて二つの官僚層は連帯的利害を持った単一団体となり、もはやどうしても統制できなくなってしまう。かくして、国家は、企業家に向けられている労働者の憎悪をも甘受しなければならなくなる。

三 革命への希望と挫折

「共産党宣言」批判

社会主義理論の基礎となる文書は、一八四八年にマルクスとエンゲルスによって公刊された「共産党宣言」である。

いかにその決定的なテーゼを拒否しようとも、これは、その特質において第一級の学問的業績である。「共産党宣言」は、資本主義的な組織の没落を予言し、さしあたり過渡的段階として、プロレタリアートの独裁によっておきかえられることを予言している。これが第一の中心命題である。この過渡的状態の背後には、人の人にたいするあらゆる支配を終わらせなければ、プロレタリアートは、みずからを隷属から解放できないという固有な最後の希望が秘められている。

同宣言は、自由な諸個人の連合体が最終的状態であるとするが、それについては、明確ではない。資本主義のつぎに到来するものについては、人の人にたいする支配の欠如ということ以外は、なにも予言できていないからである。

厳格に自然法則的に事態が進展するので、資本主義は、没落する運命にあるというのが、第二の中心命題である。

それは、一つは、ブルジョアジーが賃労働者にすくなくともぎりぎりの生活を保証することで、その支配を維持することができるが、機械のオートメーション化の増大の結果、慢性的な失業者、つまり「窮民」という階級が出現し、最低生活費を低下させると、プロレタリア層は、ぎりぎりの生活も保証されず、社会が不安定になり、いつかは革命の方向に向かって崩壊するというものである。

この「窮乏化論」は、こうしたかたちでは、社会民主党のあらゆる階層によって、正しくないものとして、はっきりと例外なく放棄された。

もう一つは、企業家相互間の競争によって、経営効率の悪い企業家が排除され、企業家の数がすくなくなると、それだけプロレタリアートの数は、相対的にも絶対的にも増加するので、企業家は、その支配を維持することはできないということである。しかし、この考え方は、農民層の数のいちじるしい増大、ブルジョア的秩序に直接的間接的に利害関係を持つホワイトカラーの増大をみれば正しくないことがわかる。

三つめとして、恐慌にたいする見込みにかんする問題である。

企業家は、お互いに競争するので、生産過剰の時期が繰り返しあらわれ、これが破産・倒産、恐慌にいたることは、まぬがれがたい事実である。古典的社会主義論は、この恐慌が資本主義没落の契機となると考えた。恐慌が自然法則的に強さを増すとともに、不安な破壊的革命気分を引き起こす暴力を増し、いつかは、プロレタリアでない人びとのあいだでも、この経済秩序を保持しようとする気持ちがなくなるような状況になると考えたからである。

しかし、恐慌の危険は、依然として存在するものの、相対的な意義が低下したので、このような考え方は放棄された。それは、企業家のでたらめな競争からカルテル結成の方向に転化するとともに、大銀行が受信業務の規制、価格や販路の規制により競争をいちじるしく排除するようになったからである。

資本主義の変容

「共産党宣言」で提起されたブルジョア社会の崩壊は、経済生産が次第に「社会化」されることによって、かなり変容してきている。

こうした変容の一つの契機は、個々の企業家個人の代わりに、雇われた管理者を擁する株式会社制度が広く登場したということ、また、もはやかつてのように、個々の、あるいは民間企業家の危険負担や利潤にもとづかない国家経営、自治体経営、目的団体による経営が普及することで、生産の「社会化」が促進されてきたことである。

もちろん、株式会社形態の背後には、ひとりないし多数の大金融資本家がかくれていて、株主総会を牛耳るという問題がある。

とはいえ、株式会社制度の全面的な普及による「社会化」は、一方で、官僚群、すなわち商業的または技術的な専門教育を受けた職員の増大、他方で、金利生活者、すなわち企業家のように企業経営を行なわず、配当や利子を取得するだけの階層が登場することを意味している。とりわけ、金利生活者は、その所得関心からして、資本主義的秩序を維持する階層であるということができる。このような、金利生活者という階層の増大が株式会社制度普及の大きな特徴である。

公的経営や目的団体による経営において、優位を占めるのは労働者ではなく、もっぱら官僚にほかならない。ここでの労働者は、民間企業よりもストライキを行なうことがむずかしい。まさに、プロレタリアートによる独裁ではなく、官僚の独裁が進行するのである。

資本主義の変容のもう一つの契機は、機械化が進展することによって、労働者階級の統一性が崩壊したことである。

機械は、熟練手工業者に代わって、どのような不熟練労働者にも、そのそばで労働する能力をあたえた。そのことで、労働者階級の統一がたもたれ、有産階級にたいする闘争が激化する。しかしながら、産業内部でもっとも増加しつつある階層は、半熟練の「習練」労働者である。「習練」労働者は、直接、機械に配置され、そこで習練される労働者であるが、かなりの専門家である場合が多い。

生産過程の内部で、労働者の上に立つ工長や職長などの職制の専門的訓練の必要性が高まるとともに、この階層に属する人員は、相対的に増加しつつある。この職制も「賃金奴隷」であるが固定給を受け取る。労働者は、工場主よりも労働を直接強制する職制をはるかにはげしく憎悪する。株主が会社の所有者で、不労所得をえているにもかかわらず、労働者は、株主よりも工場主を憎む。こうして、労働者の憎悪の対象は、本来の敵であるはずの株主ではなく、株主に雇われた工場主や職制となる。

標準化の増大、すなわち生産の画一化が推し進められることも、資本主義変容の要因の一つである。

資本主義企業は、製品の画一性と交換可能性を拡大し、業務の企画化をさらに広範に推し進めようとする。その結果、企業家には、かってのような奔放な開拓者精神が不要となり、特殊な資格がなくても企業家が生産を指導できるようになった。こうした標準化によって、官僚層存在の意義が増進されるのである。

この官僚層は、一定の仕方で教育され、一定の身分的性格をおびている。官僚教育のために、商科大学、実業学校、工業専門学校などがある。ドイツでは、官僚層は、学生時代にそれぞれの学校で学生組合に加入し、顔面に刀傷を受け、決闘申し込みにおうじる資格を持ち、そこで予備将校になる資格を取得し、のちに民間経営で上司のお嬢さんに求婚する優先的機会をえて、いわゆる「上流社会」の階層に同化しようとするのであった。

だから、この階層には、プロレタリアートと連帯しようなどという気持ちはさらさらないばかりか、ますますプロレタリアートと袂を分かとうとつとめる。すべての人びとは、自分自身や自分の子どものために、その上層か下層かはともかく、すくなくともこのような身分的資格をえるのに汲々としている。したがって、プロレタリアート化がますます進むという傾向はみられない。

したがって、「共産党宣言」の宣言した革命的大破局という局面は、漸進主義的解釈に道をゆずることになった。莫大な数の競争的企業家を擁した古い経済が、国家官僚による規制や官僚参画下のカルテルによる規制にもかかわらず、一つの統制経済に漸次成長してきているからである。こうして、競争と恐慌に追いかけられる企業家ではなしに、支配のない本来の社会主義社会の前段階が登場したのである。

四 社会主義の諸問題

ロシアの実験

第一次大戦末期、ロシアで偉大な実験が行なわれたが、ロシアでの生産管理がどのように行なわれていたか。

ロシア革命を主導したボリシェビキ政権は、操業中の工場内部で、仕事の能率が低下するので、ふたたび出来高賃金制度を実施する方向にあった。さらに、専門的知識を持っている企業家を経営の最上部において、莫大な補助金を支払っていた。

ボリシェビキ政権は、軍隊を必要とし、訓練をつんだ将校が不可欠であるので、旧体制以来の将校に将校給を支払った。ただ、これらの将校がこの政権に引き続き忠誠をつくすかはわからない。同政権は、パン配給券の撤回によって、官僚制の一部に自分たちのために働くように仕向けた。しかしながら、このようなやり方で国家機構や経済システムを管理することはできない。ロシアの実験は、きわめて有望なものであるとはいえるものではなかった。

とはいえ、驚嘆すべきことは、このような組織が長く機能していたということである。それは、この組織が、将軍ではないにしても、下士官の軍事的独裁だったからである。それはまさに、戦争につかれた復員軍人が、土地に飢え、農業共産制になれた農民と提携して作り上げたプロレタリアート独裁の唯一の偉大な実験であった。

革命の展望

ここで、マルクス主義の根本教義である思想への態度が問題となる。一つは、進化主義、いいかえると社会とその経済秩序は、厳密に自然法則的に、いわば年齢段階をへて発達するので、ブルジョア社会が十分に成熟しきってしまう前に、社会主義社会は、どこにも成立しえないという、正統マルクス主義の根本教義への態度である。

そうすると、すくなくともロシア以外のところでは、すべて進化主義に立脚すること、すなわち、いかなる過激な分子でも、革命の唯一可能な帰結として、まだどこにもプロレタリア的社会秩序への移行の機が熟していないという理由から、プロレタリア的に指導された社会的秩序ではなく、ブルジョア的秩序の成立を予期しているということが明らかになる。

この最終段階から将来、いつかは、社会的未来秩序への移行が行なわれることが期待されるのである。それにもかかわらず、そもそも革命というのは、一体なにを成し遂げようとするのであろうか。

革命は、内乱を引き起こす。だが、万が一、崩壊した国家の内部に農民的、小市民的利害関係者の支配、したがって、あらゆる社会主義の急進的敵対者の支配をもたらすことはあっても、社会主義社会を招来することはできない。それは、とてつもない資本の破壊と混乱をもたらすことになり、マルクス主義者によってもとめられた社会発展の歯車を逆にまわすことになる。

ロシアと西欧を比較する場合に重要なことは、西欧の農民というのは、農業共産制のなかで生きているロシアの農民と性格を異にするということである。ドイツ農民は、すくなくとも個人主義者であり、相続財産や土地にしがみついている。もし、それがおびやかされるようなことがあれば、急進的で社会主義的な労働者ではなく、むしろ大地主と同盟するであろう。

したがって、たとえ革命が成功をおさめるとしても最悪の状態におちいる。それにもかかわらず、急進的で真に革命的なドイツの社会主義指導者は、まだ三年もつづく世界戦争とそれにつづいて生じる革命か、あるいは革命のない即座の講和のいずれかをえらぶとすれば、もちろん三年の戦争を取るだろう。だが、戦場にいる軍隊の大多数や社会主義的な人びとが、これら社会主義指導者と同じ意見を持っているかという疑問である。

同じことは、各国の急進的指導者にもあてはまる。選択をせまられれば、なによりも講和を欲するのではなく、もしも戦争が革命、すなわち内乱に役立つのであれば、戦争を欲するであろう。革命が社会主義社会を招来せずに、将来のいつかは到来するであろう社会主義社会に、いくらかはちかいところに立つ、ブルジョア社会の社会主義的観点からみて「より高い発展形態」にすぎないにしても、革命のために戦争をえらぶということである。

もちろん、社会主義的確信や社会主義的希望をなくしてしまうような手段など存在しない。どのような労働者も、つねになんらかの意味で社会主義的である。ただ問題は、この社会主義が国家的利益の立場から、またとくに軍事的利害の見地から、がまんのできるような社会主義になっているかどうかということである。

社会化への抵抗

ウェーバーは、ドイツにおける現実の社会主義運動と社会主義について、つぎのようにいう（同書、訳者解説）。

社会主義的信仰にはくみしないウェーバーにとって、左翼冒険主義的革命派は、ドイツを破壊させる元凶であり、革命を食いものにする寄生虫にすぎないものであった。この革命は、混乱と荒廃以外にはなにももたらさず、新秩序がドイツに根づくことはありえない。一刻もはやく荒れ狂う階級闘争を沈静化させ、不毛な革命運動の正常化をはかり、議会制民主主義と市民経済的秩序を回復しなければならない、というのがウェーバーの基本的態度であった。

ウェーバーは、ちかい将来、実現可能なのは、社会主義的な政治と経済のしくみではなく、政治形態の民主化であった。大戦から内乱、国民経済の荒廃を回避し、敵国による占領と支配を防止するために、憲法制定国民議会の即時召集をもとめた。こうして、ウェーバーは、連邦主義的共和制と人民投票的大統領制を提案した。

ウェーバーは、人民投票的大統領を連邦主義的共和国の頂点にすえて、議会ではなく、直接人民に由来する強大な権力と強力な政治指導によって、行政の方向と運営の仕方を左右し、それをつうじて社会化、すなわち社会主義化をチェックすることをねらったのであろう。だが、ウェーバーは、表向きは、人民大統領制こそ社会化を実行するのに不可欠であり、もっとも適した政治形態だと主張して左翼に接近したのである。

要するに、ウェーバーは、社会化に賛成するかのようなポーズを取りながら、ドイツの臨時革命政府に迎合することによって、人民投票的大統領制を社会化の取引材料にもちいて、あわよくば、社会化を骨抜きにしようとたくらんだのではないであろうか。この主張が、本当にそうかどうかはともかく、結局は、「ワイマール憲法」に踏襲され、ヒトラーを生み出す根拠となったと批判されることになるのである。

ウェーバーは、自由な企業家を担い手とする市民的で動態的な資本主義によせる確信から、社会化、計画化に徹底して反対した。

社会主義と合理的経済計算

ウェーバーは、「経済行為の社会学的基礎範疇」（富永健一訳『世界の名著　五〇』中央公論社、一九七五年）において、つぎのように、資本主義的流通経済と社会主義的計画経済の比較検討を行なっている。

流通経済的欲望充足というのは、純粋に利害状態によってのみ実現され、交換機会をもとめ、交換をつうじてのみ、社会関係が取り結ばれるようなあらゆる経済的欲望充足をさす。それにたいして、計画経済的欲望充足というのは、法律ないし契約によってきめられた、あるいは上から強制された、なんらかの実質的な秩序にたいして、体系的に指向しているような、団体内部でのあらゆる欲望充足をさす。

流通経済的欲望充足は、通常の合理的場合には、貨幣計算を前提としており、また資本計算の場合には、家計と経営との経済的な分離を前提としている。ところが、計画経済的欲望充足は、究極的には、実物計算に実質的な基礎をおいている。ただし、形式的には、この場合、計画経済にとって不可欠な行政幹部の指令によって動く。

資本主義的流通経済では、自主的な個別経済主体の行為は、自立的に行なわれる。すなわち、家計は、自己の保有する貨幣と将来期待される貨幣所得の限界効用に従うし、営利企業は、資本計算に従う。

社会主義的計画経済では、すべての経済行為は、計画経済が貫徹されるかぎり、厳密に家計的なものとなり、そして、命じられたり、禁じられたとおりに他律的に動くか、あるいは報酬と制裁で動くようになる。計画経済では、自分だけの利益をもとめる気持ちを喚起する手段としてのみ、特別の収益機会が約束されるだけで、こういうかたちでの報酬をあたえられる行為というのは、実質的には、他律的に規制される。

流通経済的条件のもとで経済行為を決定的に動機づけているのは、無産者にとっては、自分と家族が衣食の道を完全にうしなう危険へのおそれや、生活形態として、経済的な営利労働にたいする精神的な目的意識、資産や教育のある人にとっては、高い所得を手に入れる機会や功名心、高度な精神的、芸術的、専門技術的労働を「天職」として評価する気持ち、営利企業の収益機会の一員となっている人にとっては、自己資本のリスクと自己の利得機会、合理的な営利にたいする「職業的な」目的意識などである。

計画経済では、それが極端なかたちで貫徹される場合には、衣食の道をうしなう危険をおそれることから、労働を強制されるということがなくなり、動機づけという点では、すくなくとも働く意欲が弱まる。さらに、生産経営の管理における自律性を大幅に、ついには完全に排除することになってしまう。

資本のリスクとか、形式的に自律的な命令をつうじて職務にたいするあかしをたてるとか、従業員および生活上重要な生計の機会にたいして自律的な処分を行なうとかが、まったく存在しないか、きわめて限定されたかたちでしか存在しない。

計画経済は、それが極端なかたちで推し進められた場合には、購買における形式的計算合理性の低下を甘受しなければならない。というのは、計画経済は、貨幣計算と資本計算の廃止を不可欠の前提としているからである。経済行為の形式合理性というのは、その経済行為にとって技術的に可能でもあり、また現実的に経済行為に適用されている計算の度合いをさすものである。

実質合理性というのは、経済的指向を持った社会的行為による一定の人間集団のそのときどきの財供給が、一定の価値評価の公準という観点から、そのような公準のもとで観察され、行なわれているか、あるいは行なわれうる度合いのことである。実質合理性と正確な計算という意味での形式合理性とは、対立する概念である。

この基本的で、のがれられない経済の非合理性こそ、すべての「社会」問題、とりわけ社会主義の問題の根源であるというのである。

第六章　アジアの近代化と経済成長

一　アジアの経済成長

日本の近代化

明治維新以降、日本にとって幸運だったのは、極東の小国だったこともあって、欧米列強にとって日本を植民地化するインセンティブがわかなかったことである。

欧米列強諸国ですら「ほしくもない」日本だから、極東の貧しい島国ですごせばよかったのであるが、日本は、欧米列強と肩をならべる強国になろうという野望をいだき、富国強兵策を取った。このとき、欧米列強は、すでに重化学工業の生産力段階に到達していた。ウェーバーのいうように、日本は、欧米の資本主義を「完成品」として受け入れることで近代化の道をあゆんだのである。

ドイツは、一八四〇年代に鉄道業の発展というかたちで産業革命を遂行したが、それは、同時に重化学工業を作り上げていく過程でもあった。ドイツには、かろうじて自立的に重化学工業を構築する時間があった。しかし、日本にその時間はなかった。一国の再生産構造を確立するということはそんなに簡単なことではないし、それほどうまくいくものでもないことは、世界各国の状況をみれば明らかである。戦前の日本経済がきわめていびつで、グロテスクなものとなったのは、そのためである。

日本は、国力増強を海外に資源・市場をもとめることによって、しかも経済メカニズムを無視して遂行しようとした。自立的な重化学工業を構築する時間も余裕も、ましてや資金もとぼしかった日本にとって、軍事力強化・増強、そのための重化学工業への特化という方向しかのこされていなかったのである。鉄鋼も石炭、機械も造船、化学などの産業企業も、軍艦や鉄砲、火薬などを製造するために、国家によって作り上げられた。官営製鉄所が設立され、兵器の生産のために、海軍工廠・陸軍工廠が国家資金で設立された。

官営企業であるから利潤原理・競争原理は、まったく働かなかった。ひとたび戦争がはじまり、国家からの兵器の大量発注が行なわれると、納期さえ守ってくれれば、請求書の値段は、桁さえちがわなければよかったという。

帝国主義というのは、最優秀な重化学工業製品を売って利益をあげるために、武力でもって、植民地経営を行なう政治形態である。経済的には、「札束」で植民地を支配する形態である。だから、戦前の日本は、「普通」の帝国主義国にすらなれなかった。まともに売るものがないから、利益があがらないし、原料を買う資金もなかったからである。

戦前の日本は、まさに「やらずぶったくり似非帝国主義」であった。とにかく、軍備を増強して海外を侵略し、そこから原材料をただ同然で持ち帰り、生産を行なった。経営効率を高めてコストを削減し、できるかぎり多くの収益をあげるのが資本主義企業であるが、日本の国営企業は当然のことながら、民間企業にもほとんど国際競争力はなかった。外国の優秀な重化学工業設備を買う資金は、唯一、アメリカで売れた生糸の生産・売却によってまかなわれた。

生糸以外の製品は、欧米ではほとんど売れなかった。寄生地主制と財閥制度によって、ほんの一握りの大金持ちをのぞいて、国民の圧倒的多数は、極貧のもとにおかれたので、日本国内には、まともな消費市場はなかった。小作人出身兵士は、軍隊に入ってはじめて三度、三度とも白い飯が食べられると喜ぶ時代だったのである。

こうして、武力でもって植民地を制圧し、植民地から原材料をただ同然で「買い取り」、その植民地において日本国内で生産した粗悪品を高く売って、はじめて戦前の日本資本主義はかろうじて存立することができた。まさに、植民地の拡大は、日本の「生命線」だったのである。

だから、欧米列強諸国と植民地争奪戦を展開できるだけの軍事力・軍事技術水準が要請された。戦闘機や爆撃機の製造技術や軍艦建造技術、戦車・大砲・銃器製造技術などは、じきに世界最高水準に到達した。ただ、問題は、工作機械などの最先端の技術では、欧米に劣っていたことである。

第二次大戦後、この日本資本主義の構造は、質的な転換をとげた。冷戦下で、コンピュータや航空・宇宙技術、軍事技術、原子力開発などの最先端の重化学工業をアメリカが担い、鉄鋼・金属、自動車、電機、化学、精密機械・工作機械などの従来型の重化学工業を日本とドイツが担うことになったからである。ドイツは、戦前からの重化学工業の大国であったが、そうでなかった日本は、新たに最新鋭の重化学工業を作り上げた。

アジアの経済成長

ときはすぎて、一九九七年に生じたアジア経済・通貨危機は、予想以上の深刻な景気後退をもたらし、九八年には、東アジア経済はいちじるしく後退した。どうして、深刻なアジア経済危機が生じたのであろうか。それは、東アジア諸国がアメリカ資本主義（とくに市場原理主義）を「完成品（ウェーバーの表現）」として導入するかたちでの経済発展の方向を選択したことにある。

日本企業も円高が進むと海外、とくに東アジアに直接投資を拡大するとともに、国内で賃金が上昇してきたので、「低賃金」をもとめて東アジア諸国に進出した。資本主義企業の行動としては当然のことであろうが、東アジアに進出する日本企業は、東アジアの均衡のとれた経済発展や人びとの生活水準の向上をあまり考えてはいなかったのではないであろうか。

あくまでも日本の「下請け」であり、「低賃金労働者」の確保のためだったろう。したがって、進出先の賃金が上昇すれば、簡単にそこを引き払って別の地域に工場を移転した。

東アジア諸国は、そんな日本を相手にするのではなく、アメリカ経済にたよった。経済発展を外資の導入によって実現しようとしたので、自国通貨を米ドルに連動させる為替政策を取った。

ＥＵ（欧州連合）諸国が導入した欧州通貨制度のように、本当は、他国の通貨に自国通貨を連動させるというのはかなりむずかしい。しかし、一九八〇年代末から九〇年代にかけて、東アジア地域の経済発展が急速に進んだので、これは比較的可能であった。質はともかく、実体経済での発展が前提となっていたからである。

日本企業が東アジア諸国に進出し、その日本企業がアメリカに輸出をすれば、当該国の外貨準備が増加する。東アジア諸国企業の国際競争力が強化され、アメリカへの輸出が増大し、ドルによる外貨準備が増えれば、ドル連動はそれほどむずかしいものではない。

問題は、為替リスクのない投資先として、投資資金だけでなく投機資金が大量に流入してきた一九九〇年代半ばの事態である。たとえば、超低金利下の日本で資金を調達し、それを金利の高い国で運用すれば、為替リスクがないのであるから、簡単に金融収益をあげることができた。これは本来の経済法則に反する矛盾にみちたものである。しかし、たとえ、多少の為替リスクがあったとしても、金利差が大きければ、超低金利で円を調達し、それを高金利通貨で運用するということが日常的に行なわれている。これは、キャリー・トレード（円借り取引）とよばれている。

かくして、膨大な投資資金が為替リスクのない東アジア諸国に大量に流入した。実体経済にそれだけの資金需要がなかったとすれば、当然、不動産投機などに投入され、「不動産バブル」が生ずるのは当然のことである。

日本では、企業の余裕資金や財テク資金の運用によってバブル経済が生じたが、多くの東アジア諸国では、大量の外資の流入によってもたらされた。それでもアメリカ経済が好調で輸出が増大しているときには、それほど大きな問題はなかった。バブル経済の資産効果で消費が拡大し、景気も高揚していたからである。

ところが問題は、一九九五年から九七年にかけてドルにたいして急激に円安が進行したことである。そうすると、必然的に、ドルに連動している東アジア諸国の通貨は、円にたいして高くなってしまった。その結果、日本への輸出が急激に縮小した。

東アジア諸国の景気高揚が経済基盤を確固たるものにする方向で進めば、それほど問題はなかった。産業基盤整備を前提として、資本財や生産財部門の成長をはかるべきであったのに、結局は、バブル経済で終わってしまった。そこに弱点があったのである。

かくして、実体経済にあわない為替政策の矛盾を投機筋にねらわれたのである。ドルへの連動ができなくなるまで通貨が売られ、結局は、変動相場制に移行せざるをえなくなった。

こうしてアジア経済・通貨危機が生じたが、一九九九年にはようやく、東アジア経済も回復基調をみせるようになってきた。

この景気回復は、経済構造のゆがみをある程度是正した上で、アメリカ向けの輸出が好調なことによって促進された。したがって、東アジア諸国はドル一辺倒ではなく、アジアでの安定した通貨圏の構築を模索していく必要がある。こうしたアジア経済の特徴は、クローニー（仲間内）資本主義とよばれることが多い。

中国の経済成長

日本の平成大不況をしりめに中国経済は、いちじるしく発展した。それは、本来の「恐慌」の経済機能が大不況（「平成恐慌」）に見舞われた日本そのものではなく、中国において、いかんなくその機能を発揮したからであると考えられる。

本来、商品が作られすぎる、すなわち供給がいちじるしく需要を上回って生ずるのが恐慌なので、従来の価格では、財・サービスが売れなくなる。なんとしても売ろうとするので、価格が低下するデフレーションに見舞われる。価格が大幅に低下すると、相対的に経営体質の弱く、利益を確保できない企業が市場から退出をせまられる。したがって、デフレが深刻化すればするほど、経営体質の強固な企業だけが生きのこることができる。企業は、売るために必死になって、提供する財やサービスの質を高めるとともに、経営の合理化と効率化をはかるからである。

だが、恐慌が深刻であれば、最優良企業でも利益が出ない水準まで価格が低下することがありうる。そのような事態を想定して、優良企業は、生きのこり戦略として、新生産設備の導入によって生産性向上をはかろうとする。たとえば、労働者一人あたりの生産物量を二倍にすれば、さらなる価格低下にも耐えられ、しかも利益を確保できる。こうして、恐慌が終息するのと相前後して、企業経営の質と生産性が高まり、経済の質的発展段階がもう一段高まる。資本主義は、このようにして発展してきた。

一九九〇年からはじまった平成大不況では、この「恐慌機能」が日本ではなく、改革・開放を進めてきた中国においていかんなく発揮された。コスト削減のために、日本企業は、低賃金をもとめて大挙して中国に進出したからである。

中国で販売するのではなく、日本で売れるものを作るので、高い製品の質が要求された。不良品が多ければ、中国に進出した意味がない。倒産するしかない。それを回避するために、日本企業は、中国において、必死になって技術移転を進めるとともに、中国労働者のもの作りの質的向上に全力を投入した。

その結果、中国のもの作りの質は、急激に向上した。一九九〇年代も末になるとアメリカやヨーロッパにも製品が売れるようになったのは、そのおかげである。かくして、低賃金を売り物にしてきた中国の製造業労働者の質も、欧米諸国と互角の水準に到達した。中国経済の成長は、日本の長期不況のおかげであるといっても過言ではないかもしれない。

しかしながら、中国経済がこのまま日本や欧米諸国にとって、外国企業が担う「生産基地」のかたちで経済成長をつづけていくのには、いささか無理があるように思われる。国内における内需拡大型経済成長を進めていくには、一国の自立的な再生産構造としての重化学工業がまだ確立しているとはいいがたいからである。

このままいくと、中国経済は、国内での乱開発による経済成長、欧米諸国に依存し、その経済状態に一喜一憂する経済、正確にいうと、欧米諸国の「下請け」経済になってしまう可能性が高い。日本がアメリカ依存経済で辛酸をなめてきたように、額に汗してかせいだ貿易黒字が、元高というかたちで欧米諸国に吸い上げられてしまうことになるからである。中国のように広大な国内市場を持つ国は、日本のような小さな島国とちがって、アメリカのような自立的な再生産構造を構築することはそれほどむずかしいことではない。

しかし、中国が経済メカニズムに従いながら自立的な再生産構造を構築するとすれば、それは、地球環境がいちじるしく破壊される過程でもある。中国で深刻な環境破壊が進めば、地球環境そのものが加速度的に悪化するという甚大な被害を受ける。日本にとっても黄砂の飛来、大気の汚染、海洋汚染、魚の汚染など、直接的な被害ははかりしれないものとなるであろう。

したがって、日本と中国（さらにインド）を基軸とするアジア共同体は、中国経済のバランスの取れた発展、地球環境保全におおいに寄与するだけではない。これからの日本経済の発展にとって重要である。

このように、アジア経済は、一九八〇年代から九〇年代にかけていちじるしい発展をとげてきた。しかしながら、ウェーバーの考え方によれば、日本はともかく、アジアはあまり発展しないはずであるが、発展しつつある根拠はどこにあるのか（富永健一「マックス・ヴェーバーとアジアの近代化」講談社、一九九八年）。なぜ、ヨーロッパに二〇〇年ちかく、日本にも一〇〇年以上おくれて、二〇世紀末からアジア諸国が経済成長を実現してきたのだろうか。

二　ウェーバーの近代化論

近代化分析の対象と手法

近代化というテーマに取り組んだウェーバーは、政治、経済、社会、文化、宗教などきわめて幅広い見地から近代化を考察した。さらに重要なことは、近代化を分析するにあたって、たんにヨーロッパだけを考察対象にしただけでなく、ヨーロッパの近代化とアジアの近代化をグローバルな観点から考察したということである。とくに、ウェーバーは、中国とインドについての研究をつうじて、ヨーロッパとアジアの比較社会学的分析を行なった。

ドイツ人であるウェーバーがアジアをどのようにみていたかということは、きわめて興味深いことである。ドイツ人がアジアをどうみたかという場合、ヘーゲルとマルクスの見方が興味深い（富永建一、前掲書）。ヘーゲルは、「歴史哲学講義」において、アジアは、歴史の幼年期であり、しかもそこに永遠にとどまっている、世界史は、東から西に進む、アジアは、世界史のはじまりであるのにたいして、ヨーロッパは、世界史の終わりであるとのべた。歴史の文書記録がのこる最古の国である中国には、客観的な存在と主観的な運動との対立がないので、変化を生じさせることはなく、ずっと同じ状態がつづくという。

マルクスは、「資本主義生産様式に先行する諸形態」において、アジアの特徴を家族および氏族という血縁集団によって共有されており、個人は、共同体に埋没して自立しえないとした。そのために、アジアは、永遠に停滞するというのである。

ウェーバーは、ヨーロッパを対象にした「プロテスタンティズムの倫理と資本主義の精神」、中国をあつかった「儒教と道教」（木全徳雄訳、創文社、一九七一年）、インドをあつかった「ヒンドゥー教と仏教」（深沢宏訳、東洋経済新報社、二〇〇二年）において、ヨーロッパとアジアの近代化の比較を精力的に行なった。

近代化を取り上げるときウェーバーは、資本主義化、官僚制化、民主化、家ゲマインシャフトや氏族ゲマインシャフトおよび村落ゲマインシャフトの解体、宗教の合理化という多面的な分析を行なった。

同じく近代化を取り上げたマルクスは、資本主義の形成と崩壊、社会主義の成立に重点をおいたので、現実の「社会主義」が崩壊するとあまり説得力がなくなってしまったようであるが、ウェーバーの考え方は、現実の「社会主義」が崩壊した現在でもその意義をうしなってはいないであろう。

ウェーバーの分析した近代化は、つぎの四つの領域からなっている（富永健一、前掲書）。

第一に、経済の領域における近代化、すなわち近代資本主義の形成。

第二に、行政や法律および政治の領域における近代化、すなわち近代官僚制と近代民主主義の形成。

第三に、社会の領域における近代化、すなわち家ゲマインシャフトや氏族ゲマインシャフトおよび村落ゲマインシャフトの解体、また、これらによる近代家族や近代組織および近代都市の形成。

第四に、文化の領域における近代化、すなわち呪術からの開放、また、これによる合理的な精神の成立。

ウェーバーは、これらの全領域にわたって膨大な研究を行なったが、一から三までの領域は、通常の意味で客観的事実にかんする分析であるのにたいして、四は、行為者の主観的内面にかかわる領域であって、アジアの近代化を文化伝播による近代化として理解する場合に重要な意味を持っている。

ヨーロッパ対アジア

ウェーバーは、「宗教社会学論集序言」(大塚久雄他訳、みすず書房、一九七二年)において、ヨーロッパの優位性を明らかにしながら、つぎのように、アジアの近代化に否定的な分析を行なっている。

どのような事情によって、西ヨーロッパという地においてのみ、普遍的な意義と妥当性を持つような発展傾向を取る文化的諸現象が姿をあらわすことになったかといえば、ヨーロッパの人間が、「普遍妥当的」だとみとめるような発展段階にまで到達した「科学」なるものが、西ヨーロッパにしか存在しないからである。もちろん、経験的な知識、世界と人生の諸問題にかんする思索、きわめて深遠な哲学、高度に昇華された学識や観察などであれば、西ヨーロッパ以外のインド、中国などにも存在した。だが、天文学への数学的基礎づけ、幾何学の合理的説明、力学や物理学、自然科学の合理的実験、合理的化学などの科学は、西ヨーロッパで発達したものである。歴史学、国家学説、法学、合理的な和声音楽、ゴシック様式の大聖堂、新聞や雑誌、合理的で組織的な専門人の学問的営みなども西ヨーロッパで発展をとげた。

西ヨーロッパの近代国家と近代経済の礎柱をなしている専門官僚は、ほかの領域では、社会的秩序にとって公正的な意義を持つことはまったくなかった。

すなわち、人びとの生活の政治的、技術的、経済的な基礎諸条件、というよりも全存在が、専門的訓練を受けた官僚組織の枠組みにがんじがらめにしばりつけられ、そうして技術的、商人的、とりわけ法律的な訓練をへた国家官僚が社会生活のもっとも重要な日常的機能の担い手となっているのは、近代ヨーロッパ的な意味では、いかなる国、いかなる時代にもみられなかった。

政治的、社会的な団体の身分的組織は、どこにでもみられるが、王と王国が並立するような西ヨーロッパ的意味での等族国家は、西ヨーロッパにしかなかった。政治権力を獲得するための組織としての政党は、世界中に存在したが、定期的に選出された議員からなる議会、民衆政治家、議会にたいして責任を負う大臣としての政党指導者の支配は、西ヨーロッパだけで生まれた。

近代西ヨーロッパにおいて、人びとの生活を支配しているもっとも運命的な力は、いうまでもなく資本主義であるが、これも事情はまったく同じである。

資本主義を厳密に定義すると、交換の可能性を利用しつくすことによって利潤を獲得しようとするところに成り立つような、したがって、形式的には、平和な営利の可能性の上に成立するような行為である。資本主義的な営利が合理的な仕方で行なわれる場合には、それに照応する行為も資本計算を指向するようなものになる。

要するに、その行為は、物的ないし人的な財貨やサービスを、営利手段として利用する計画的な営みのなかに組み込まれ、そして、貸借対照表の方式に従って算出された、個々の企業の貨幣的価値のある資産の最終収得額が、決算期に資本を、すなわち交換による営利のためについやされた物的営利手段の貸借対照表上の評価価格を超過するということである。

西ヨーロッパには、近代、形式的に自由な労働の合理的組織を持つ、市民的な経営資本主義的な組織からなる、世界中でどこにも発展することのなかったような資本主義が登場した。それは、商品市場による利潤獲得の可能性をめざすような合理的経営組織、経済生活を支配している家政と経営の分離、合理的な簿記によって特徴づけられている。

したがって、近代の合理的な経営資本主義は、計測可能な技術的労働手段とともに、形式的な規則にもとづく計測可能な法制と行政を必要とするのであり、それを欠いた場合には、冒険者的で投機的な商人資本主義や政治と結び付いた資本主義とならざるをえない。

かくして、ウェーバーは、どうして中国やインドでは、科学と芸術、国家と経済が西ヨーロッパの特色をなしている合理化の軌道にそって発展することがなかったのかととう。

ただ、ウェーバーは、「ヒンドゥー教と仏教」において、日本は、資本主義の精神をみずから作り出すことはできなかったとしても、比較的容易に資本主義を外から「完成品」として受け取ることができたので、日本だけは、明治維新をへて近代化の道を進むことができたという。

家産制的支配と資本主義

ウェーバーは、「支配の社会学」や「権力と支配」（濱島朗訳、有斐閣、一九六七年）において、農業社会の発展段階にある支配の原型を家父長制支配にもとめ、血縁関係が次第に解体していくとともに、この支配が変化していくという考え方を提示している。

伝統的支配の第一類型は、長老制と家父長制である。長老制というのは、一般に団体のなかで支配が行なわれるかぎり、最年長者が聖なる伝統にもっともつうじたものとして、支配を行なう形態である。家父長制というのは、本来、経済的または家族的な家団体の内部で通常、明確な世襲規則にもとづいて指定された個人が支配を行なう形態である。

このような支配は、主人・主君（ヘル）の伝統的な私権ではあるが、勝手に占有されたものではなく、実質的には、同輩や家族の権利である。それは、同輩や家族の利益のために行使されなければならないので、主君のための純粋に個人的な幹部というのは存在しない。したがって、同輩や家族の服従意欲や恭順感情に依存しているのである。

主君の純個人的な行政幹部や軍事幕僚が登場することによって、どのような伝統的支配も家産制への傾向をしめすようになる。

ここではじめて、同輩や家族は臣民となり、それまで同輩や家族の権利であるとされてきた主君の権利は、主君の私権となるのである。この権利は、原理的には、任意の性質を持ったなんらかの所有対象と同じしかたで主君に占有され、売却、抵当権設定、分割相続など、なんらかの経済的チャンスと同じように利用することができる。

外面的には、家産制的主君権力は、奴隷や土着農民からなる軍隊、強制募集された臣民によって支えられるか、それとも雇われた親衛兵や家産制的軍隊に支えられる。この権力によって、主君は、家父長制的または長老制的な伝統被拘束性を犠牲にしつつ、伝統の拘束を受けない恣意、恩寵、恩恵のおよぶ範囲を拡大するのである。

家産制的支配というのは、本来、伝統的な志向を持ってはいるが、支配が完全な私権によって行使されるというものである。

一定の主君権力とそれに対応する経済的チャンスが、行政幹部に占有されるようになった家産制的支配の形態をウェーバーは、身分制的支配とよんでいる。純粋な型の家産制的支配、とりわけ身分制的・家産制的支配の場合には、あらゆる主君の権力とか経済的な主君の権力とかは、私的な経済的チャンスの占有者としてあつかわれる。

家産制的支配では、土地と人間は、すべて主君のものであるから、すべての人間に賦役と貢租をかすことができる。家産制的家臣は、たんに一定期間、中央から派遣された家産官僚で、主君の徴税代理人にすぎない。したがって、このような家産制のもとでは、商人資本主義、租税請負・官職請負・官職買い受け資本主義、御用商人的かつ戦費調達的資本主義、場合によっては、植民地資本主義くらいしか成立しようがない。

知行（レーエン）封建制

ウェーバーは、主君が契約によって資格ある個人に本来的に授与され、相互の権利と義務が本質上、因習的・身分制的な、しかも軍事主義的な名誉観念に方向づけられているときに、この占有された権力を知行とよんでいる。本来的に知行をあたえられた家臣が存在する場合が、知行（レーエン）封建制である。軍役と引き換えに家臣に保有地を授与する形態が封建制とよばれる。

知行をあたえられる授封は、特殊な給付、通常は、主として軍事上および行政上の給付と引き換えに授与された結果として生ずる。知行（レーエン）封建制が完全に実施されるとつぎのような結果をもたらす。

第一に、あらゆる主君権力は、忠誠誓約があればこそ成り立つ家臣の給付機会の水準まで低下する。

第二に、主君と家臣、その家臣の家臣（陪臣）との間で、純粋に人格的な忠誠関係の体系ができあがる。主君は家臣に、家臣は、陪臣に忠誠をもとめるだけのことである。

第三に、主君が家臣から、家臣が陪臣から知行を取り上げることができるのは、謀反の場合だけである。

第四に、知行が主君から家臣に、家臣から陪臣に下封され、その序列におうじて、身分制的な封建的階序が成立する。

第五に、この分制的な封建的階序にないものが領民である。

第六に、家臣は、御料地・奴隷・隷農にたいする処分などの自己の家計内の権利、徴税権・公課取り立て権などの財政的権利、裁判権・徴兵権、すなわち「自由人」にたいする命令権限を有する。

このような結果がもたらされるが、純粋な知行（レーエン）封建制においては、主君の権力は、きわめて不安定である。というのは、行政手段を所有し、これを知行として占有する家臣の服従意欲と、純粋に個人的忠誠に依存しているからである。だから、知行（レーエン）封建制というのは、あまり長続きしなかったのである。

もちろん、主君は、下封の制限ないし禁止、主君にたいする陪臣の直接の忠実義務の強制、家臣の権利の制限などによって、みずからの支配体制を維持しようとした。とくに、主君が自己の行政幹部を再設するか、あるいはそれをしかるべく再組織する場合にだけ、権力を維持できる。

三　アジアの近代化

中国の近代化

ウェーバーは、「儒教と道教」において、儒教には、ピューリタニズムのような世俗にたいする強烈な緊張感がなく、ただ現世適応があるだけなので、呪術が温存されて合理化を達成することができなかった、また、儒教というのは、無条件の現世肯定の教えなので、現世における生活態度を規制するだけの倫理を生み出すことができず、結局、儒教は、ピューリタニズムのように資本主義の原動力になりえなかったという（富永健一、前掲書）。

人びとの営利欲が異常で、強烈であった中国では、貴金属準備の増加とともに、一八世紀初頭以来、いちじるしい人口増加がみられた。しかし、資本主義が発展しなかったのは、イギリスとちがって、農村人口が非常に増加したこと、ドイツの東部とちがって、農民の零細地経営が農村の様相を決定したこと、そして、牛がたりず、牛は本来犠牲にささげるためだけであり、ミルクの飲用がなく、「肉を食べる」というのが「高貴な身分」と同義語だったことによるものである。

西ヨーロッパの中世都市で繁栄し、市民階級によって発展させられた特徴的な制度、たとえば、イタリアの諸都市の商法にその萌芽がみられるような、経済の合理的な客観化をともなう資本主義的経営の社会学的なさまざまな基盤は、中国には、まったく存在しなかったか、きわめてちがったものであった。中国には、対人信用発展の萌芽として昔存在した成員のための氏族の保証が、ただ税法と政治的な刑法のなかに保存されたにすぎなかった。

家産制国家がそうであるように、中国でも家産官僚は、徴税請負人であり、官職利用によって資産を蓄積する最良のチャンスがあった。退職した官僚は、合法的に獲得した資産を土地に投資し、氏族仲間のつぎの世代のために科挙試験を受けさせるための資金を工面した。こうして、氏族の成員を収入の多い官職につかせ、氏族を富ませようとした。

中国では、西ヨーロッパ中世にすでに完全に消滅したのも同然の氏族の存在意義が、もっとも小さな単位の地方行政にとっても、経済的連合の方式にとっても、完全に保持されていた。そのために、中国では、資本主義が自立的に発展することがなかったのである。

このように、政治的な財産蓄積の基礎の上に、不安定ではあるが、一つの都市貴族と零細地を貸し付けて小作させる大地主貴族制が発達した。都市貴族と大地主貴族は、政治的な官職の利己的な利用のチャンスに賭けた。したがって、とりわけ土地蓄積をふくめた資産蓄積を支配していたのは、家産制国家において典型的なように、貨幣利得を土地に投資した商業のほかには、主として合理的、経済的な利得ではなく、とりわけ内政的な略奪資本主義であった。こうして、大土地所有者と小作人のすさまじい貧富の差が出ることになったのである。

このように、中国で資本主義が自立的に発展しなかった精神的な側面をウェーバーは、儒教にもとめる。儒教というのは、仏教とまったく同じように倫理であるが、仏教とはもっともきわだって対照的に、もっぱら内現世的な俗人の人倫である。しかも、仏教とは、もっともいちじるしく対照的に、現世とその秩序と因習に適応するものである。結局は、もともと教養のある世俗人のための政治的準則と社会的礼儀規則との巨大な法典であった。

儒教思想によれば、この世の宇宙秩序は、不動でおかすべからざるものであった。偉大な精霊の管理する宇宙的秩序は、明らかにこの世の、またとくに人間たちの幸福を願っているにちがいない。社会の秩序も同じで、帝国の「幸福な」平穏と心の均衡とは、それ自体において調和的なかの宇宙に編入されることによってのみ達成されるべきであるとされた。

それができないとすれば、人間の愚昧、とりわけ国家と社会とが秩序に違反して管理されたことによるものである。

インドの近代化

ウェーバーは、「ヒンドゥー教と仏教」において、インドの諸宗教が、純粋に来世のみ指向して現世を無価値としたので、インドでは、禁欲主義は、瞑想的で神秘的なものとなり、ピューリタニズムの禁欲主義のように経済的合理主義や合理的生活様式と結び付くことはなかったので、資本主義の精神を生み出すことはできなかったという（富永健一、前掲書）。

西ヨーロッパの封建制においては、封土関係は、氏族以外の人びとの相互間の自由な関係、主君と家臣との忠誠関係を基礎としていた。インドでも歴史的にみると、家臣や官僚に土地や政治的権利を個別的に貸与することはあった。しかしながら、このことが支配階層を特徴づけるものではなく、封建的身分形成が封土制度にもとづいていたわけでもない。封建的身分形成は、氏族、支族、部族にもとづいていた。

支配権の授封は、氏族の長（ラージャ）によって、あるいは部族の王（マハラジャ）のいる場合はそれによって、通常は、男系親族にたいしてのみ、その資格でのみなされたのであり、自由に結ばれた忠誠関係によって行なわれたものではない。氏族仲間は、首長によるこの授与を氏族所属の結果、自分に属する生得権として要求した。あらゆる征服は、まずもって王および副王の氏族にたいして官職封土を作り出した。したがって、征服は王の宗教的義務であった。

ウェーバーは、インドでも資本主義が自立的に発展しなかった精神的な側面を、ヒンズー教をはじめとする諸宗教にもとめる。ヒンズー教などの宗教は、排他的な彼岸的救済目標として、一つは、現世と同じくらい幸福な、あるいはいっそう幸福な状況で、新しく有限で時間のかぎられた地上の生に再生すること、二つめは、超現世的神（ヴィシュヌ神）の至福の実在のなかに、時間的制限なしに受容されること、三つめは、個別的存在の終了と全一者への霊魂の解消、あるいは涅槃への消滅を選択させる。

この三つの救済目標にいたる道は、各ヒンズー教徒の信奉する教説によってきわめて多様である。すなわち、禁欲、瞑想、純粋に儀礼主義的な善行、社会奉仕の意味での善行、なかでも職業上の有用さと神への献身的信仰が、救済目標におうじて一部は集積的に、一部は代替的に、一部は排他的に問題となる。

インドにおけるカースト秩序と輪廻思想への執着による儀礼主義的・伝統主義的な内面的拘束、きびしく伝統主義的・カリスマ的な聖職者階級にたいするヒンズー教徒俗人の宗教的な人間崇拝があらわれ、これが内側からの生活態度のいかなる合理化をも阻止することになった。このような内面的な力によって支配された集団が、その内部から資本主義の精神を生み出すことはなかったというのである。

ウェーバーは、「ヒンドゥー教と仏教」において、停滞するアジアにあって、日本だけが近代化を進めることができた理由を明らかにしている。

日本は、しばらくの間、きびしく実施された血統カリスマにもとづく社会制度を持ち、非常に純粋なタイプの同族国家を実現したのち、支配者たちは、本質的にこの社会秩序の硬直的な固定性を克服するために、政治的官職の封建化に移行し、その社会秩序は、近代のはじめにいたるまで中世日本を支配した。これがウェーバーのいう封建制である。

日本の封建制は、輸入貿易を一つの契約港に限定することによって対外貿易を抑圧し、ヨーロッパ的意味での市民的階層の発展を阻害した。したがって、日本においては、自治権の担い手としての都市の概念をまったく欠いていたのである。

日本の近代化

日本には、中国のような行政の官僚制度、官職から官職へと移動する文人官僚制、その試験制度、一般に福祉国家論をともなう家父長制的神政政治が存在しなかった。神政政治の長である天皇は、とりわけ徳川幕府開設後、京都の聖職政治に限定された。天皇の家臣のトップに立つ将軍は、自己の直轄領の直接的支配者であり、各諸侯の行政を統制した。大名は、将軍と同じく土地君主として完全な行政権力を付与され、天皇自身の諸侯とみなされたが、武士は、多様な位階を持つ土地君主の家臣であった。

世襲の知行である藩は、改廃可能であり、君主にたいする裏切りや重大な失政によって幕府に取り上げられた。知行の改廃可能性、および知行の石高による査定と位階の決定という点で日本の知行は、とくにインドでみられたような典型的なアジア的な軍事秩禄にちかいものであった。それにもかかわらず、個人的忠誠義務と従軍義務が、伝統的な敬意をあらわすための献上品とならんで決定的なものであった。

日本には、西ヨーロッパ的な意味での市民的発展の担い手となりうるような、政治勢力として重要ないかなる階層も存在しなかったし、経済は、鎖国によってかなり静態的な状態にあり、このこともまた資本主義の成立をはばんだ。商人と手工業者だけでなく、農民の広い層もまた政治的に無権利の状態におかれた。

封建制日本の状態は、中国の封建的分立国家の時代によく似ているが、中国との違いは、日本では、非軍事的な文人階層ではなく、職業的戦士階層が社会的にもっとも有力であったことにある。

中国のようにむずかしい試験に合格することや学者的教養ではなく、西ヨーロッパの中世のように騎士の倫理と騎士の教養が、またインドにおけるように救済哲学ではなく、西ヨーロッパ古代におけるような現世内的教養が日本人の実践的態度を決定したのである。

武士のタイプの一階層が決定的な役割を演じたが、国民は、鎖国などの事情を度外視しても、みずから合理的な経済倫理をみにつけることができなかった。それにもかかわらず、知行関係は、解約可能な強固な契約的法律関係を作り出すのであって、この知行関係が、たとえば中国の神政政治と比べると、西ヨーロッパ的意味における個人主義のような基盤を持っていた。

日本の高い諸階層のなかに多数の信奉者を持った儒教は、中国のように皇統の正当化を実現できなかった。というのは、儒教にとって、中国の皇帝が世界の君主であり、教皇だったからである。同時にそれは、日本では、高い諸階層のグループの学問的趣味にすぎなかった。仏教は、アジアのほかの地域では、非常に強い支柱つまり呪術的救難者としての導師を持っていたが、日本の仏教にはそれが欠けていた。日本には、中国における文人、インドにおける導師のような呪術的救世主の威信を持つ階層はいなかった。したがって、日本では、外的威嚇の感情におされて進んだ軍事技術と行政技術の革命が、封建的な軍事・官職組織をたおしたとき、純粋に政治的にみると、この革命がきわめて有利な白紙状態のもとで行なわれたか、あるいはすくなくとも、宗教的伝統主義の勢力の抵抗に直面せずに進展したのである。

かくして、日本は、資本主義の精神をみずから作り出すことはできなかったとしても、比較的容易に資本主義を外から「完成品」として受け取ることができたのである。

アジアの経済成長

ウェーバーは、アジアにおいては、日本の封建制だけが封土をつうじる主従関係を持ち、それが、西ヨーロッパ的な意味での個人主義を作り出すのに好都合であったので、比較的容易に資本主義を外部から移植・創出することが可能であったという。しかし、明治維新以降の日本の近代化は、西ヨーロッパのように、資本主義の担い手である市民階層が育成されていなかったので、きわめていびつな構造とならざるをえなかった。

実際、日本は、きわめて特殊な軍事的・侵略的な資本主義として発展してきたが、第二次大戦後、農地解放によって農村共同体と寄生地主制が解体され、財閥解体によって、大資本家が解体された。戦前の軍国主義教育は、民主主義教育にあらためられた。

明治維新のときには、西ヨーロッパの政治・経済システムを導入したが、戦後は、アメリカの政治・経済システムを無批判的に導入した。戦後もアメリカ資本主義を外から「完成品」として受け入れたのである。

問題は、日本資本主義の精神は、欧米の資本主義の精神と非常に異なるものであったにもかかわらず、政治・

経済システムばかりか、社会・文化までもアメリカ化したことにある。

平成大不況になると、こんどは、アメリカの市場原理主義の導入や、金融システムのアメリカ化、すなわち金融ビッグバンの遂行をつうじて不況からの脱出をはかろうとした。日本の支配層は、終身雇用制、年功序列賃金、企業別組合などいわゆる日本的経営は時代おくれであり、さらに、「一億中流社会」は経済の発展を阻害するとばかりに、「勝ち組」・「負け組」経済を囃し立てる。そのわりには、日本の政治・経済の健全な発展の重大な障害となっている「家産官僚制」を変革しようともしない。

それにたいして、中国の知識人は、日本の知識人とちがって、中国固有の文化的伝統をすてて西ヨーロッパ化することをいさぎよしとせずに、そうすることを拒否する強い態度を持ちつづけてきた。このことが、中国の近代化を日本よりおくらせた重要な原因となったのであろうか（富永健一、前掲書）。

中国は、一九八〇年代末から改革・開放を進め、近代化の道をあゆんできた。東アジア諸国も経済発展をしてきた。インドもとりわけ一九九〇年代末から急激に経済成長してきている。これらの経済成長は、アメリカ型資本主義の外からの導入によって実現されたものであろう。しかしながら、アジア諸国における近代化・経済成長の成功は、「日本のように」アジア固有の文化・伝統をすててまで実現したものではないであろう。

一九九七年のアジア通貨危機は、アジア経済の脆弱性を内外に暴露したものである。アジア経済は、「クローニー（仲間内）資本主義」と揶揄されるが、これは、逆にいうと、日本のように金儲けのために、「心」まで売りわたしたわけではないという帰結なのではなかろうか。アジア諸国は、これからも、みずからの固有の文化・伝統を維持しながら、独自の経済発展をとげていくことになるであろう。

第七章　世界と日本のゆくえを読む

一　日本資本主義の精神

会社は「共同体」

明治維新後、日本は、西ヨーロッパ資本主義を移植・創出することによって、近代化を達成した。ウェーバーのいうように、日本には、近代化にいたる資本主義の精神が生まれていなかったからである。明治維新は、支配階級である武士による政権交代にすぎず、市民革命ではなかったので、そこで構成された資本主義というのは、きわめて特殊なものであった。ウェーバーが、明治維新を社会革命とはよばず、軍事的・行政的変革と規定しているのもうなずけることであろう。

とはいえ、徳川時代にも禁欲をむねとする宗教が存在した。近江商人が信仰していた浄土真宗に禁欲精神と職業労働を重視する思想があった。わたしの宗教は「葬式仏教」であるが、浄土真宗である。子どものころ、他宗派の親戚の葬式などは派手なのに、どうしてうちは質素なのだろうかと疑問に思ったことがある。一向宗ともよばれる浄土真宗は、一向一揆にみられるように、抵抗精神が強く、贅沢は敵で、質素倹約で、人の目などに「一向おかまいなし」という宗教だと親に聞かされた。これは、プロテスタンティズムの禁欲精神にもつうずるのではなかろうか。

第二次大戦後の日本は、アメリカ型資本主義と民主主義を導入した。政府は、農地解放によって大地主制を解体し、独立自営農民を創出して、政権支配の基盤にした。財閥解体によって、大資本家を放逐すると、サラリーマン社長がどんどん輩出された。

戦前の階級社会が「解体」し、「一億中流」という幻想が国民に浸透したので、利潤追求を行なう会社が「共同体」となった。いくら、アメリカ型資本主義と民主主義を導入したといっても、日本人の精神構造までアメリカ化することはできなかったのである。

戦前の日本は、天皇を中心とする「神の国」であって、「臣民」は天皇陛下の「赤子」として、勤勉に働き、国のために命を捧げるのが、最高のご奉公とされた。戦後は、象徴天皇制に移行したので、日本国民の価値観が大転換した。戦後、廃墟から不死鳥のようによみがえったが、質素・勤勉に働くという資本主義の精神は、ますます強固なものとなった。

それは、「共同体」としての会社が、「日本的経営」というかたちで社員・家族の面倒をみたからである。

親会社は、下請けにコスト削減などの無理難題をふっかけるものの、仕事をまわして、みんなで豊かになろうとした。これは、ウェーバーにいわせれば、「家産制会社」なのであろう。「個人主義」が徹底したアメリカ経済のように、自分の儲けだけを追求し、他人のことなど頓着する必要はなく、結局、「神の見えざる手」によって経済が発展するというのとは、根本的に異なっていた。

日本資本主義の顚末

一九九〇年からはじまった平成大不況で日本経済の構造は、いちじるしく変容した。経済がダイナミックに拡大することができなくなったからである。不況克服策として取られた措置は、アメリカ型資本主義、すなわち市場原理主義と株主資本主義をさらに徹底的に導入しようというものであった。

アメリカの株主資本主義は、その質はともかく、まさにいまのところウェーバーのいうような「完成品」である。非常に「発達」した証券市場をかかえ、株価は上昇している。株式市場をつうじて、企業のコーポレートガバナンス（統治）が徹底し、投資家はリスクの程度におうじて、さまざまな投資機会にめぐまれている。規制緩和が進み、民間活力が発揮され、経済はダイナミックに成長している。

このまま事態が推移すれば、日本もとことん利潤追求と金儲け一辺倒になるだろう。他人のことなど一切考えずに、自分の利益だけを追求すれば、社会全体の厚生が高まり、経済が成長するという考え方は、日本に悲劇的結末をもたらすであろう。それは、「一億中流社会」が崩壊し、ほんのひとにぎりの「勝ち組」と圧倒的多数の「負け組」を生み出す経済システムだからである。

日本は、金儲け一辺倒のシステムに進みつつあるが、これは、なんとしても阻止しなければならない。というのは、ウェーバーがいうように、生産者の禁欲は、貪欲と不正を敵としてたたかったが、それは、貪欲こそ拝金主義であるとして排斥したものだったからである。けっして、富める生活を究極目的としてはならないのである。

もし万が一、アメリカ型株主資本主義を導入するにしても、「完成品」でなければならないのに、その

「精神」を日本は、導入していないことが悲劇である。自由ということを日本人は、大きく誤解しているからである。自由というのは、他人に迷惑をかけないということを前提にしてはじめて成り立つ。金融取引を自由化するということは、顧客をだまして儲けようとする輩が出てくることを意味している。したがって、金融自由化の大前提は、投資家・預金者保護の法制を厳格にし、取り締まり当局の人員・権限を強化しなければならないということである。

これがきわめて不十分なので、被害をこうむる投資家が激増した。「金融商品取引法」を制定して、投資家保護をはかろうとしているが、まだ不十分である。アメリカのように膨大な投資家・預金者保護規定が不可欠であるとともに、証券取引委員会（SEC）のような強力な取り締まり機関の設立が不可欠である。

このまま事態が推移すれば、「小さな政府」の名のもとに、弱者切り捨てが進むとともに、「民間のできることは民間に」ということで、日本のもの作り経済の質の低下、企業倫理・職業倫理の欠如、対テロ戦争と称してアメリカの戦争に巻き込まれる危険性が高い。

ウェーバーは、祖国ドイツとドイツの文化にたいして、しっかりとした確信を持っていた。われわれは、アメリカ一辺倒ではなく、日本文化に自信を持って行動していく必要がある。

二　企業倫理と職業倫理

人間の質

ウェーバーは、「国民国家と経済政策」において経済政策のあり方について、つぎのようにいう。

通俗的な考え方では、経済政策というのは、世界を幸福にするための処方箋について思いをめぐらせるということ、つまり人生の「快楽の貸借対照表」の黒字を大きくすることだけが、仕事の目標になるわけで、それ以外の目標は、まったく理解できない。

しかしながら、深刻かつ厳粛な人口問題を一つ考えるだけでも、われわれは、幸福主義者になることはとうていできないし、未来の胎内に平和と人間の幸福が宿されていると妄想することはできないし、また、人間と人間との苛酷なたたかいを経ることなしに、なにかほかの方法によって、この世の権力的支配権をわがものにできるだろうなどとは、とうてい信じられない。

およそ、利他主義にもとづかないような経済政策の事業というのは、なに一つない。経済政策や社会政策の領域で、現在行なわれているすべての努力から生まれる成果のほとんど全部は、いま生きている人間の手に入らないで、未来の世代のために役立つものである。

われわれ自身の世代が、墓場に入ったのちのことを考えるさいに、われわれが心をゆさぶられることは、未来の人間が、どのような暮らしをするかということではなく、かれらが、どのような人間であるかということであるが、これこそは、まさに経済政策上のすべての事業の根底によこたわっているといでもある。

このように、ウェーバーは、未来の人びとの無事息災をこいねがうのではなく、人間としての偉大さや気高さをかたちづくるとわれわれに感じられるような資質を、かれらのうちに育ててあげたいというのである。

われわれは、子々孫々の無事息災といい暮らしを心底から願うものであるが、その上で、日本人としての誇りを持てるような国づくりが必要だと思う。ウェーバーは、さらにつぎのようにいう。

これまでの経済学では、財貨の生産にかかわる技術的な問題と財貨の分配、すなわち「社会的正義」の問題とが、価値基準として、かわるがわる前面に押し出されてきた。しかしながら、この二つの問題を越えて、人間にかんする科学、すなわち経済学が、なによりもまず問題とするのは、経済的・社会的な生活条件によって育て上げられる人間の質であるという認識が、しっかりと自覚されていたわけではないが、一切の支配する力をもって、いくども立ちあらわれてきた。

職業倫理と企業倫理

資本主義の大原則は、企業が事業活動によって、より多くの利益をあげるということにある。利益が出ない分野や利潤追求になじまない分野は、公的機関や公的企業が担う。企業が事業活動を行なうにさいして、不正が行なわれないように、さまざまな規制がかせられている。利益追求にあたって、社会的にみてこのましくないことが行なわれたり、法をおかしたりする可能性がけっして低くないからである。

それが人間の健康や生命にかかわることであれば、いくら罰せられても健康を完全に回復することはむずかしいこともあるし、うしなわれた生命は絶対にかえってこない。

贈収賄など法にふれる企業犯罪は、いままでも数え切れないくらいあった。最近、法をおかしても利潤追求を行なって、人間の健康だけでなく生命をもうばう、あるいはうばいかねないケースが増えてきていることが深刻な問題である。

現代資本主義は、あくまで資本主義なので、企業の利潤追求機会をうばうような規制は最大限撤廃しなければならない。自由な取引によって、経済が効率化し、国民も多大な恩恵を受けるからである。しかしながら、企業が法律遵守を徹底することはもちろんのこと、国民がたんに物的に豊かになるということだけを追求してはならない、健康で文化的な最大限の生活をおくることができるようにしなければならない。

耐震強度偽装や食肉擬装事件というのは、職業倫理と企業倫理欠如の顕著な事例である。金儲けのためならば、人びとの命の危険性すら顧みないというものだからである。

ウェーバーによれば、資本主義の生成期は、企業家の職業倫理は、きわめてきびしいものであった。まさにプロテスタンティズムの倫理が貫徹していたからである。しかしながら、それだけの宗教心を持ったプロテスタントであっても、儲けなければいきのびていけなくなると、信仰心もうしなわれていった。

したがって、企業倫理と職業倫理をしっかりと持って、資本主義的経営を進めていくためには、人びとがかつての共同体的な助け合いの精神、教育による倫理の徹底、教育による社会性育成が必要であろう。日本人の社会性は、近年とみに欠如してきている。詰め込み教育と、受験戦争のためであろう。ウェーバーのいうように、いいもの作り国家としての日本に誇りを持てるような教育が不可欠である。

その前提の上で、犯罪にたいする罰則を強化し、企業犯罪に厳罰をもって対処すべきである。逆ではない。厳罰をかしたら、企業犯罪が減るとはかならずしもいえないからである。

金儲け万能の市場原理主義も排除しなければならない。ウェーバーのいうように、金儲けは、いいものを作って人びとに使ってもらって喜んでもらい、いいサービスを提供して、人びとの生活を豊かにするために行なった、あくまでも結果にすぎないからである。金儲けが先にくるから、人をだましても儲けようとか、法律をおかしても、またたとえ人の命が危険にさらされても、儲けようとするよこしまな気持ちが出てくるのであろう。

哲学と学問の重要性

ウェーバーは、「職業としての学問」（尾高邦雄訳、岩波書店、一九八〇年）において、プラトンの不思議な比喩を紹介している。

そこには、洞窟のなかで鎖につながれた、人びとのことが書かれている。

かれらは、かれらの前にある岩壁のほうを向いており、かれらの背後から明かりが差し込んでいる。だが、かれらには、この明かりをみることはできない。そこで、かれらは、ただ前の壁にうつるもろもろの影だけを相手とし、それらのあいだの関係を解明しようと骨折っている。こうした状態は、かれらのひとりが自分の鎖を断ち切ることに成功するまでつづくことになる。

かれは、鎖を断ち切り、振り返ってそこに明かり―太陽―をみる。まばゆさに目がくらんで、かれは、そこらを手さぐりし、そして、かれがなにをみたかを、どもりつつ物語る。ほかの鎖でつながれた人びとは、かれがまちがっているのだという。しかし、かれのほうは、しだいにこの明かりをみつめることをおぼえ、かくてここにかれの使命が生まれる。洞窟のなかへもどって、ほかの鎖でつながれた人びとの目を明かりのほうに向けてやること、それがかれの使命である。

かれとは、哲学者のことであり、太陽とは学問の真理のことである。この比喩は、学問のみが幻影ならぬ真の実在をとらえるものであることを教えている。

三　平等社会の維持

バブルとマネーゲーム

高度成長終了後、日本経済におけるもの作り経済の比重が低下してきたのは事実である。それでも、製造業企業は、アメリカやヨーロッパ諸国に輸出するために、いいもの作りにはげんできた。その半面で、政府は、公共投資を行なって建設・土建・不動産業に仕事をあたえてきた。金融機関は、がんじがらめの規制によって高収益を確保してきた。

高度成長が終わると、建設・土建・不動産業と金融業という規制業種が儲けていくことは、なかなかむずかしかった。そこで、一九八〇年代後半に土地を「金融商品」として売買して儲けようとするマネーゲームが行なわれた。これがバブル経済である。アメリカのように会社を売買するよりはいいかもしれないが、金儲けのために土地の売買を繰り返したので地価が暴騰した。

このバブル経済が崩壊してさんざんな目にあったのが、バブル形成の張本人、銀行であった。土地ころがしにお金を貸したので、バブルが崩壊すると、担保に取った土地の価格が暴落し、銀行経営はにっちもさっちもいかなくなった。国からの公的資金投入によって、救済してもらった。にもかかわらず、ちゃっかり銀行は、資金を企業に貸すのではなく、史上空前の好景気を謳歌していたアメリカで、相場を動かして儲けていたヘッジファンドなどに積極的に投資し、いきのびてきた。銀行に企業倫理などみられなかった。

そうしたなかで、日本の経済政策の理念が市場経済を重視するアメリカ型に大きく変えられ、金融自由化や規制緩和が進められた。日本との貿易赤字が多かったアメリカが、自分たちの金融資本と大企業に儲けさせるために、日本の金融市場をはじめさまざまな市場の開放をせまったのである。

その一環として行なわれた金融ビッグバンは、まさにアメリカ金融資本に日本市場をさらけだすものであった。同時に、日本においてもインターネットという新しいビジネスが普及していった。これを担ったのが若い経営者である。新しい産業なのでうまく経営すれば、膨大な利益を手にいれることができる。

こうしたネット長者が六本木ヒルズに集結した。六本木ヒルズに事務所をかまえることは、ネット・ビジネス成功者のステイタス・シンボルとなった。新興企業なので本業での利益もさることながら、アメリカ型の株主資本主義の手法を使って、利益を雪だるま式に増やしてきた。株式交換によるM&Aがそれである。日本の規制緩和によって、このネット・ビジネスと株主資本主義が結び付いて進んだ。

二〇〇五年二月に行なわれたライブドアによるニッポン放送株買収劇は、アメリカ金融資本による日本における間接的マネーゲームの第一弾とみることができる。

市場原理主義・株主資本主義

アメリカ型の経済システムは、株式会社制度を基本にして、競争原理をとことん追求するものなので、労働者・従業員も企業収益に貢献しなければ、解雇されるか、よくて低賃金に甘んじなければならない。

株式会社の唯一の所有者は株主なので、法に抵触しない範囲で可能なかぎり多くの利益をあげて、株主に配当するのが有能な経営者であり、優秀な労働者・従業員である。したがって、利益に貢献しない労働者・

従業員はただちにお払い箱になるケースが多い。

アメリカの経営者は、株主に雇われた「従業員」であるが、これは、株式会社のあり方からすればまちがいではない。だから、株主のためだけに利益をあげることが最大の使命であるし、株主により多くの配当を実施する経営者が有能な経営者である。その結果、長期的な経営方針を放棄し、四半期ごとの企業収益にこだわるようになる。経営状態が悪化すると、まっさきに首切りをしてコスト削減を行なって利益を確保し、一株あたりの利益を増やそうとする。利益があがっていても、目標とする利益に到達していなければ、人員整理をする場合もある。

経営者にもとめられるのは、利益率の高いビジネスの拡大のほかに、経営の合理化・効率化である。経営者には、きびしい成果賃金制が取られているが、これは、アメリカではストック・オプションという形態を取ることが多い。したがって、経営をやりやすくさせるために、解雇が日欧に比べて容易である。日本やヨーロッパ諸国のように、大規模な解雇をしないで経営を合理化・効率化するのはかなりむずかしいことだからである。

経営者が簡単に労働者・従業員の解雇を断行できるので、それで経営を建て直して利益率をあげれば株価が上昇する。そうして、経営者がストック・オプションを行使すれば、何十億円という利益をえることもある。だが、首切りをして、膨大な報酬をふところにいれるシステムが本当にいいのだろうか。一九九〇年代にアメリカは史上空前の好景気を享受したが、その結果、アメリカの貧富の差がいちじるしく拡大した。

このように、西ヨーロッパ資本主義を特徴づける個人主義は、自分の利益だけを追求するシステムであるものの、これが、アメリカでは、市場原理主義、株主資本主義として継承されている。日本では、これからますます競争原理万能の市場経済が導入されていくであろう。会社は、株主だけのものであるということで、株主に儲けさせるために、企業活動を行なわなければならなくなる。

ウェーバーにいわせれば、それほどおかしな考え方ではないかもしれない。しかしながら、日本では、資本主義は、ゲマインシャフト的な文化を色濃くのこしながら発展してきた。

会社がゲマインシャフトであり、取引を信頼関係のある相手と行なうとか、会社は株主のものであるが、それだけでなく、経営者、社員、取引先、債権者、取引銀行、顧客などすべての利害関係者のものであるという考え方は、別にそれほどおかしなものではないだろう。

このままいけば、市場原理主義、株主資本主義が、ますます日本に入りこむようになるであろう。したがって、ウェーバーがくわしく分析した、儒教倫理の再構成が必要となるかもしれない。

たしかに、ウェーバーは、ピューリタニズムは、すべての伝統主義的で非合理的な要素を拒否し、現世の合理化をめざすので、合理化された経済制度としての資本主義と適合的であるが、儒教は、呪術と伝統主義を受けいれるので、合理化の度合いが低い宗教であり、結局、資本主義の精神的基盤となりえないとした。

しかしながら、完全な個人主義ではなく、みんな助け合って生きていくという考え方が、これからますます必要となってくるのではなかろうか。その点から儒教的な考え方の今日的な変革が必要かもしれない（富永健一、前掲書）。

「勝ち組」・「負け組」社会

平成大不況を克服した日本は、これからますます競争原理を働かせて、経済を活性化しようとするであろう。それがネット社会の到来とほぼ同時に進行したので、先行の利益から、かなりのネット長者が登場している。ネット長者は、かせいだ金だけでなく、金融的術策や企業買収などを使って、さらにかせいでいる。まさに「勝ち組」の登場である。

他方、従来型の産業は、ますます競争がはげしくなっており、終身雇用制、年功序列賃金、企業別組合という従来型の日本的経営の維持が困難になってきている。企業は正規雇用を減らし、派遣労働、パートやアルバイトなどの非正規雇用を大幅に増加してきている。日本は、圧倒的多数の「負け組」を排出することで、経済の活力を維持しようとしている。

ウェーバーは、「世界宗教の経済倫理序論」（大塚久雄他訳『宗教社会学論選』みすず書房、一九七二年）においてつぎのように述べている。

幸福な人間は、自分が幸福をえているという事実だけでは、なかなか満足しないものである。それ以上に、自分が幸福であることの正当性をも要求するようになる。自分は、その幸福に「値する」、なによりも、他人と比較して自分こそが、その幸福に値する人間だとの確信がえたくなるのである。したがってまた、自分よりも幸福でないものが、自分と同じだけの幸福を持っていないのは、やはりその人にふさわしい状態にあるにすぎない、そう考えることができればと願うようになる。自分の幸福を「正当な」ものにしようと欲するのである。

もし、「幸福」という一般的な表現をもって名誉・権力・財産・快楽などのあらゆる諸財を意味させるとすれば、この幸福の正当化ということこそ、一切の支配者・有産者・健康な人間、つまり幸福な人びとの外的ならびに内的な利害関心のために、宗教がはたさなければならなかった正当化という仕事のもっとも一般的な定式であり、これが幸福の神義論とよばれるものである。

このようにウェーバーがいうとき、これは、まさに、日本でネット長者とよばれる若者たちが、六本木ヒルズなるものにたむろして、われわれは「幸福」だとわめくことを予見したのであろう。さらにウェーバーはつづける。

救い主や預言者を必要としたのは、通例は、幸福なもの、富めるもの、支配するものではなく、抑圧されたもの、すくなくとも困窮におびかされているものであった。したがって、預言によって告知される救世主信仰は、大多数の場合、とりわけめぐまれない社会層のうちに持続的に根をおろし、かれらのあいだで呪術に完全に取って代わるか、あるいは呪術をともかくも合理的に補充するものとなった。

ウェーバーの時代とちがって、抑圧されたもの、困窮におびやかされているもの、弱者が宗教にすがるということはないであろう。しかし、人間として生まれてきた以上、「負け犬」根性で一生を送るのは、なんともさびしいものであろう。

ゲマインシャフトの倫理の復活

ウェーバーは、自分の資本を増加させることを自己目的と考えるのが、各人の義務であるという思想によって、合理的で打算的な人間の行動を表現している。いつも自己の利益を最大化することをもとめる利己的な個人による極端な個人主義が、資本主義の精神であるとすれば、それは、社会にたいしてさまざまな影響をあたえる。

ウェーバーは、営利的貪欲さとはまったく別の次元の禁欲的倫理によって生み出された資本主義ではあったが、富の誘惑のあまりにも強大な試練に直面してまったく無力であったという。

このように、金儲けが基底的動機となるとさまざまな弊害が出てくる。利己的に利益を追求すると、たとえば公害問題の深刻化のほか、金儲けのための不動産投機とその投機資金の銀行による提供で、結局は、深刻な金融システム不安におそわれることなどである。そうなることを防止するためには、資本主義の発展の過程で解体したゲマインシャフトの倫理を復活させることが必要になるかもしれない（富永健一、前掲書）。

社会的近代化は、地縁・血縁による基礎社会（ゲマインシャフト）を解体して、機能別に形成された目的社会（ゲゼルシャフト）を組織化することにより実現された。日本においても農村共同体が消滅し、都市では、「隣はなにをする人ぞ」といわれ、他人に干渉しないような風潮が強まってきた。このゲマインシャフトをある程度復活させることが必要となっているのかもしれない。

農村共同体や田舎の町であれば、みんな顔見知りで、お互いが助け合って生きている。子どもの顔もみんな知っているので、誘拐されたり、悲惨な事件に巻き込まれることもあまりないだろう。

四　国家の役割と国民

小さな政府の欺瞞

「大きな政府から小さな政府へ」ということになれば、儲けを追求する民間企業に耐震強度の検査をまかせたり、福祉が切り捨てられ、あらゆる国民生活が利潤原理にさらされることになるであろう。財界が構造改革なるものを支持しているのは、金儲けの機会が飛躍的に拡大するからである。かくして、金儲けにならない弱者が切り捨てられることになる。国民の生命・健康・財産を守るという国家の唯一・絶対的使命の放棄である。全頭検査もしないアメリカ産牛肉を、アメリカ議会の圧力でいともかんたんに輸入再開するなどは、まさに国家の責任の完全放棄である。

そのあげく、すさまじい増税も行なわれている。

二〇〇五年一一月に発覚したマンションの耐震強度偽装事件は、まさに企業倫理以前の問題である。金儲けを人命よりも優先させるというきわめて深刻な事件である。国民の生命財産を守る使命を持つ国家が、耐震強度の検査を放棄し、民間にまかせた結果である。〇七年六月に発覚した食肉偽装事件もしかり。

銀行がめちゃくちゃなことをやっても税金を投入することですむが、建設や輸送など人命にかかわる業務を行なっている企業、人間が口にいれるものや、健康に関連する業務を行なっている企業にたいしては、生命・健康を守らせる徹底的な法規制が絶対不可欠である。そして、不正表示をしただけでも営業を禁止して、会社を清算させるくらいのことが必要である。

国家が、少しでも国民の生命・健康を害するおそれがあると判断した場合に、対策措置をただちに取らなければ、担当者をふくめて厳罰に処す必要がある。因果関係がはっきりしないから禁止措置が取れない、などということはとんでもないことである。食肉偽装事件でも、農水省は、告発があっても一年間も放置した。生命がうしなわれたり、健康を害したら賠償金ではすまないのである。

国家は、国民の生命・健康、そのつぎに財産を守るのが唯一の使命である。だから国民はいやいやながらでも税金を払うのである。税金を納めるのではない。官僚の無駄遣いのために払ってやっているのではない。国民は血税、すなわち国民が血の出るような思いでかせいだ金を国家に支払うのであるから、官僚と公務員は、すさまじいまでの禁欲と自己規律がもとめられるのである。構造改革の最大の問題は、アメリカ産牛肉の輸入再開や耐震強度偽装問題の幕引き、食肉偽装の事実上の放置などにみられるように、国民の生命・健康を守るという国家の唯一の使命を放棄しているのではないかとすら思われることにある。

選挙民の民度向上

ウェーバーは、国家の近代化は官僚制に向かう進歩であるという。しかし、専門的なことについては優秀であるものの、政治的な問題については、官僚は能力を持たない。このことは、戦後の日本の政治・経済の顚末をみると明らかである。

戦後の日本の高度成長は、優秀な官僚の政策遂行によって実現した。第二次大戦での廃墟から日本をよみがえらせた原動力となったのは、旧大蔵省や旧通産省の優秀な官僚の努力であった。しかしながら、高度成長が終了すると、みずからの利益、すなわち天下りしか考えない官僚が激増した。

ウェーバーによれば、指導的政治家によって構成される議会は、官僚によって行なわれる行政を監督しなければならないのであって、議会に権力を持たせることが民主主義化の核心をなしている。したがって、これからの日本の政治のためには、官僚制の縮小と議会の役割の大幅な拡大が不可欠である。

その大前提として、ウェーバーがいうように、「市民階級大衆が責任を取る覚悟と自己意識をより多くそなえた新しい政治精神を育てるかどうか」が決定的なのである。

ウェーバーは、将来の人間がどういう状況にあるかではなく、どういう人間になっているかが大事だという。さらに、子孫に餞別としてあたえるべきものは、ドイツの国民的特性を護持・育成するための永遠の闘争であるという。そのとおりだろう。

われわれは、民族の誇りをかなぐりすててまで、アメリカに付き従う日本をみると、そのような闘争も必要になるかもしれないと思ってしまう。

二〇〇五年九月一一日の総選挙での自民党の圧勝を受けて、われわれが、いまなさなければならないのは、国民の政治教育であるといわざるをえない。ウェーバーは、「経済が発展して、それが成熟期に達すると、人間の政治的本能が風化するおそれがある」というが、そのとおりかもしれない。

五　覇権国家アメリカの衰退

アメリカ経済の弱点

世界最強の軍事力・軍事技術をアメリカが持てるようになったのは、冷戦期に日本と旧西ドイツが必死になってアメリカ経済を支えたからである。アメリカが一九九〇年代に史上最長の好景気を謳歌することができたのも、日本やヨーロッパから資金が大量にアメリカに流入したからである。

アメリカにおける好景気実現の本質はここにあるが、同時にハイテク関連のベンチャー・ビジネスが花ひらいたところに、アメリカの軍需産業がもう一段の質的転化をとげる要因があった。

一九九〇年代は、好景気がつづいた半面で、冷戦が終結したので、アメリカは軍事費の縮小をせまられた。冷戦期のように、膨大な軍事費を湯水のごとく使って軍事技術開発を行なうことができなくなった。そこで、政府は、軍需品・兵器の質を高めることに全力を投入した。要するに、兵器のハイテク化を進めたのである。

そのために、国防総省は、軍需産業にハイテク兵器の製造を要請するとともに、多くのベンチャー・ビジネスにも、さまざまな軍事開発を行なわせた。ベンチャー・ビジネスが新技術の開発に成功すれば、国家からの安定的な受注が可能となり、このベンチャーが新規株式公開を行なえば膨大なキャピタルゲインがえられるので潤沢な資金も集まった。

こうして、一九九〇年代にアメリカにおいて、ＩＴ革命が進展するなかで、軍需品や兵器の性能が極端に高まったのである。その成果が、イラク侵攻でいかんなく発揮された。一〇年前の湾岸戦争当時の軍事技術と質がちがったといわれる大きな理由の一つは、一〇年経過したということもさることながら、ここにあるといえよう。

しかしながら、軍事ケインズ主義の継続による歳出の拡大によって、アメリカの財政赤字が激増してきている。アメリカの経常収支赤字もじつに八〇〇〇億ドルを超えている。

その結果、アメリカ・ドルの国際基軸通貨としての地位があやうくなり、国際取引における支払い・決済にユーロを要求されるようになる可能性がある。アメリカは、いままでのような貿易赤字のたれながしができなくなる。

そうすると、戦後、構築されてきたアメリカ経済の成長構造が崩壊する。以前であれば、世界の経済を牽引するアメリカ経済がおかしくなると、世界経済がもたないので、世界がアメリカ経済とアメリカ・ドルを支えた。ドルが危機におちいれば、日本は、なんとしてもアメリカ経済を支えるであろうが、はたして二五カ国にもふくれあがったEUが、犠牲的精神をはらってまでアメリカ経済を支えるであろうか。

イラク侵攻にあたって、アメリカは、フランスをはじめドイツなどヨーロッパ諸国の警告を無視し、イギリスとスペインをひっぱりこんだ。アメリカ経済の脆弱性もよくわからずに、みずからの強大な軍事力を過信し、世界は自分のまわりをまわっていると誤解して、アメリカがイラク侵攻にふみきったとすれば、そのしっぺがえしはかなり深刻なものとなるであろう。

イラク戦争の事実上の敗北

アメリカは、みずからの民主主義が、世界で唯一すばらしいものなので世界に普及するとして、二〇〇三年三月にイラクに侵攻した。

日本資本主義が明治維新後に西ヨーロッパ、第二次大戦後にアメリカから資本主義と民主主義を外から取り入れて経済成長したことがアメリカの成功体験になっている。おそらく、日本が中国のように、みずからの文化・伝統をすててまで、「エコノミックアニマル」になろうとしなければ、もう少しアメリカも慎重に行動しただろう。

結局は、アメリカは、世界を「日本化」しようとしているのかもしれない。しかし、よその資本主義を「完成品」として受け入れるのは、日本くらいのものである。いずれ、市場原理主義の世界への押し付けは確実に失敗するし、アメリカ・ドルの基軸通貨としての役割はユーロの登場で終了するであろう。

だからこそ、アメリカは、とにかく超絶的な軍事力を背景にして世界をひざまずかせようとするしかないのである。それを世界にしらしめようとしたのが、イラク侵攻にほかならない。

そもそも動機がそうなので、大量破壊兵器があろうがなかろうが、アメリカは、まったく頓着しなかったのである。大規模戦闘が終わって、大量破壊兵器がみつからなくても、そんなことをいったのかしらという態度すらしめした。

しかしながら、大量破壊兵器についての国連査察がなまぬるいので、アメリカが代わってみつけてやるといって侵攻をはじめたはずである。だから、うそをついてまで、大量破壊兵器があるといったのである。

イラク侵攻をはじめるときには、アメリカは、イラクに大量破壊兵器がないかもしれないということは知っていたので、戦争の大義をいともかんたんに変えてしまったと思われる。すなわち、フセイン大統領の独裁政治からイラク国民を解放すると。こうして、フセイン一族が四八時間以内に出ていかなければ、宣戦布告をするといって、四八時間後に侵攻を開始したのである。

イラク侵攻後、しばらくして、侵攻を正当化するために、アメリカでもイギリスでも、大量破壊兵器の存在を確固たるものにするように、政府が圧力をかけたり、情報を偽造させたたという疑惑が持ち上がった。イギリスのブレア前首相は、議会で徹底的に追及されたが、アメリカのブッシュ大統領は平然としていた。

しかしながら、やはりブッシュ大統領は、二〇〇五年一二月、イラク侵攻の大義であった大量破壊兵器を発見できなかったことを正式にみとめた。〇二年三月にイラク侵攻を開始してから、いまでは、米兵の犠牲者が三〇〇〇人を超え、イラク人の犠牲者は、数万、数十万といわれている。ブッシュ大統領によるまさに敗北宣言であった。

もし、国際的に批判されても、国際法違反といわれても決行したイラク侵攻が、短期間で終結すれば、アメリカ国内では、イラク戦争勝利にわいたことだろう。国際的にも、開戦前ほどの批判的論調は出なかっただろうと思われる。

しかし、それをいいことに、アメリカ的価値観を世界に押し付けるということを強行していけば、世界中をテロと対テロ戦争の嵐が吹き荒れるはずであった。アメリカによるイラク侵攻の事実上の敗北によって、とりあえずその危険性は遠のいた。

六　「天下三分の計」で世界平和の実現

東アジア共同体に向けて

ゲマインシャフトというのは、西ヨーロッパの精神である功利主義的個人主義とは異なるものである。東アジア諸国も歴史的に共有してきた儒教倫理を再構成することによって、東アジア・ゲマインシャフトの構築に向かうことができるかもしれない（富永健一、前掲書）。

ウェーバーが近代化の比較分析において、政治・経済や社会のような、客観的にとらえることのできる制度という側面と、精神という人間行為の内面にかんする主観的世界の側面を区別して、その両面をみなければならないとしたのは、西ヨーロッパとアジアの資本主義のちがいということをきわだたせるのに役立つ考え方である。

とすれば、資本主義の成立期はともかく、アメリカのような金儲け一辺倒におちいった資本主義ではなく、「ゲマインシャフト資本主義」、あるいは「クローニー（仲間内）資本主義」もそれほど悪くはないのではなかろうか。

アセアン（ASEAN）プラス三カ国（日本、中国、韓国）による東アジア共同体の結成がなかなかうまくいかないのは、アメリカの政治・経済、社会・文化を無批判的に導入する日本が、アメリカをなんとかして参加させようとしているからであろう。日本のように、これほどまでにアメリカに追随する国はない。やはり国家や民族の誇りがあるからである、

アメリカは、ネットバブルのあとは、ふたたび軍事経済による経済成長路線に転換した。日本は、このままアメリカ依存経済を進めていって、軍事経済に転換すれば悲惨な末路が待っているだろう。

したがって、日本は、ヨーロッパのように市場拡大型経済成長を希求しなければならない。アジア共同体を結成し、アジア経済全体を嵩上げするために日本の経済力を役立てることによって、虫のいい話であるが、日本もある程度の経済成長を実現することができる。現時点でもう一つ重要なことは、アジア共同体を結成することによって、アジア全体の環境保護に全力で取り組まなければならないということである。

中国は猛烈なスピードで経済成長しているが、この高度成長が大問題なのである。社会主義市場経済という市場経済を導入して経済を拡大しようというのであるから、環境に配慮して経済成長を進めてくれ、ということ自体に無理がある。

排気ガスや産業廃棄物はすさまじいものがあるし、地下水汲み上げで砂漠化が猛烈ないきおいで進んでいる。羊の放牧で草がなくなり、土砂が河川に流れ込んでいる。都市化が進んで緑が消えている。日本の本州まで到達する黄砂が増えているのは、急速な中国における工業化の結果である。したがって、日本は、中国に環境保護装置の無償援助、砂漠の緑化など環境保護のために全面的に協力する必要がある。

アジア共同体は、アジア通貨制度から入るのがよい。通貨変動幅をせまくすることによって、経済も安定的に発展する。もう一つ、ヨーロッパではついに実現しなかったが、アジア共同体特有の問題として、どうしても防衛共同体の設立が不可欠である。日本が第二次大戦の戦争犯罪をきっちりと謝罪していない以上、アジア諸国はけっして日本の再侵略の脅威から解放されないからである。

経済面からすると、アジア共同体では、中国・台湾・韓国は生産部門、日本がハイテク・軍事技術、香港、シンガポールが金融業を担うという分業体制でいくのがいいと思う。貿易も自由化するし、そのために、まず中心レートを設定して各国通貨を上下五％程度の変動幅におさえるアジア通貨制度をすぐに設立したほうがいいだろう。

アジア通貨危機の最大の要因は、日本と経済的つながりが緊密であるにもかかわらず、円ではなくドルにのみリンクしていたことにある。通貨安定のために、大規模な介入資金プールのシステムを作り、ここに日本は、いままでためこんだ膨大な外貨を拠出すれば、機敏な為替介入が可能となる。そうすれば、介入資金であるドル資金が枯渇して、ドル・リンクから離脱せざるをえなかったタイのようなことはおこらなくなる。

そして、アジア共同体構成国の経済的な収斂を進めて、通貨統合を実現することで経済統合は完結する。

世界三連邦制への移行

通貨統合の実現したヨーロッパでは、いずれ欧州連邦が結成されると思う。すでにＥＣ／ＥＵで行なわれているが、この欧州連邦では、主要国とそうでない国の間で富の移転がさらに徹底して行なわれ、相対的におくれた国の生活水準が上昇するだろう。これもＥＣ／ＥＵが、すでに積極的に行なっているが、環境保全についても十分に配慮されるであろう。環境保全というのは、ある程度、経済力が強化されてから真剣に取り組まれるので、経済力の向上は、環境保護の大前提だからである。

アジアでは、アジア共同体から通貨統合、そして、アジア連邦の方向に、アメリカは、南北アメリカ連邦という方向で進めば、結局、世界は三大連邦に集約される。

こうして、三大連邦が構成されて、それぞれの勢力が均衡していることが重要である。たとえば、経済規模・経済力、大企業の国際競争力、軍事力、軍事技術や科学・技術などが同レベルであれば、三大連邦間で熾烈な競争が展開されるからである。その結果、冷戦以降、あらゆる面で一人勝ちの様相を呈し、傍若無人にふるまっているアメリカのような行動はゆるされなくなる。ましてや、温暖化防止条約の批准拒否などとんでもないことである。企業は競争がないと堕落していくが、国家も同じである。

ここで、連邦制といっても、江戸時代の幕藩体制のようなもので、各国の自主権はかなり尊重される。連邦政府が行なう仕事は外交、軍事、環境保全の政策立案・実行、国々の調整だけである。もちろん、各国の選挙でえらばれた連邦議会議員によって構成された連邦議会が立法権を持ち、連邦政府大統領は直接選挙で選出される。連邦政府は、連邦内の治安の維持、環境保全、経済発展に責任を持つ。連邦に所属する国々のバランスの取れた経済発展、経済的にみて相対的におくれた国の生活水準の引き上げのための経済政策を遂行する。

人間は貧しいからいさかいをおこす。文明の対立の根源の一つは貧困問題である。民族・宗教対立ももちろんあるが、生活がほんとうに豊かになることでかなり紛争は回避できるだろう。

三つの連邦それぞれには、当該産業で大企業がいくつかのこる。これらの大企業がそれぞれの連邦内で競争するとともに、連邦間で熾烈な競争を展開することによって、経営の効率化がはかられ、経済が発展する。

この三つの連邦が国際間の平和と安全、地球的規模での環境保全、企業間の健全な競争による地球的規模での経済成長と経済の効率化をはかる。連邦内での紛争は連邦が可能なかぎり平和裏に解決する。かくして、平和でほんとうに豊かな、そして、環境が保全された世界が、今世紀人類史上はじめて地球上に登場することだろう。

そのときにこそ、ウェーバーのいう欧米で生まれた資本主義の精神が、まさにアジアにおける資本主義の精神に質的に転化することになるかもしれない。

終　章　ウェーバーの波乱万丈の人生

大学教授に就任

マックス・ウェーバーは、一八六四年四月二一日にドイツのエルフルトで生まれたが、少年期から自発的に手あたり次第に勉強した。とくに、歴史物と古代の古典作家のもの、哲学を勉強した。哲学では、スピノザとショーペンハウアー、カントなど、一二歳のときには、マキャベリの「君主論」を読んでいる。成人にちかづいても学校の勉強はせずに、授業中に腰掛のしたで四〇巻のコッタ版ゲーテ全集を読みつくしたほどである（マリアンネ・ウェーバー、前掲書）。

一八八二年にベルリンのギムナジュウム（高校）を卒業して、一八歳でハイデルベルグ大学に入学した。第三学期に、慣行となっている決闘を行なって頰に斜めに大きな刀傷を付け、母親に猛烈な平手打ちをくらっている。大学では、法学、経済学、歴史、哲学、神学を勉強した。

一八八六年に司法官試補試験に合格したが、所得がなかったので、結婚までの七年間実家で暮らした。職をえるために法学の学位を取ろうとしたが、これには大変な努力が必要であった。司法官試補の仕事のかたわら研鑽をつづけ、学位請求論文「中世商事会社史」を書き上げたが、学位審査は、峻厳審問の名に恥じない厳格なものであった。

七つの法律分野について試験を受け、学位請求者の提出した三つの論点について公開討論が行なわれた。一八八九年にウェーバーは博士の学位を取得した。

最初の論文が完成すると大学教授資格審査論文の準備をはじめた。こうして、「ローマ帝政時代農業史」の業績により、一八九一年にローマ法、ドイツ法、商法の教授資格を獲得した。息つくひまもなしに、社会政策協会から委託されて東エルベ地方の農業労働者についての調査を引き受けた。こうして、法学研究に経済学的研究がくわわったのである。

一八九二年に九〇〇頁にものぼる調査研究書「ドイツ東エルベ地方の農業労働者の状態」を発表し、注目を集めた。

一八九二年にウェーバーが商法を教わった尊敬する恩師が病気になったため、ベルリン大学教授の代講を行なった。翌年には、ベルリン大学の准教授に就任した。ベルリン大学では、商法と手形法を担当したが、ウェーバーの学問的興味は、国民経済学の方向にうつりすぎていたので、法学の教員で終わりたくないと思っていた。同年、マリアンネと結婚した。

一八九四年にフライブルグ大学の国民経済学と財政学の担当教授に就任した。翌年の第二セメスター開始にあたって、ウェーバーは、当時の習慣に従って、「国民国家と国民経済政策」にかんする教授就任公開講義を多くの聴衆の前で行なって、ドイツ中に大きな反響をよびおこした。

その後のウェーバーは、精神・神経の変調とたたかいながら、執筆活動をつづけることになる。

転落と新しい創造

一八九七年に自宅で父親と激論のあげくに父を断罪した。そのことが直接の原因ではないかもしれないが、旅行に出た父親は他界した。これを契機に、ウェーバーは、精神・神経に変調をきたすようになった。二、三週間知的労働をつづけると、睡眠が取れなくなり、機能障害が生じた。

そのため、一八九九年には、講義の担当は免除されたが、ゼミナールと学生の研究指導は行なっていた。クリスマスの日に大学に辞表を提出したが、受理されなかった。その代わり、長期の休暇がみとめられ、俸給も支給された。

一九〇一年から〇二年にかけてローマや南イタリアに滞在した。ドイツにはない永遠の都ローマの太陽と壮麗さ、南イタリアの光り輝く壮観さにみとれているうちに、精神状態も安定し、いろいろな本を読みはじめた。とくに、修道院の歴史、制度、財政にかんする研究を行ない、それは、ウェーバーの主著「プロテスタンティズムの倫理と資本主義の精神」の研究につながっていった。

一九〇二年の復活祭のころには、フィレンツェにうつり、そこから二度目の辞表を大学に提出した。ウェーバーの誕生日にはハイデルベルクにかえった。そこで、新しい創造がはじまった。とはいえ、二、三週間しか働くことができず、小旅行をつづけた。〇三年には、イタリアやオランダ旅行は六回をくだらなかった。同年、三度目の辞表が提出され、一〇月から休職がみとめられた。

一九〇四年の夏にアメリカにわたった。この新世界アメリカへの旅行は、きわめて誘惑的なことで、ウェーバーは、あらゆる障害や躊躇を押し切って決心した。アメリカのいたるところで近代資本主義精神の起源のなごりと、その精神の「理念型」的な純粋さをみることができた。アメリカにわかれをつげるときに、ウェーバーは、幸福な日々をあたえてくれたこの国をふりかえってみた。

ウェーバーは、イタリア旅行を終えてしばらくした一九〇三年の後半あたりから、有名な論文「プロテスタンティズムの倫理と資本主義の精神」の執筆に着手した。

戦争と革命

一九〇五年に最初のロシア革命がはじまったとき、その政治的関心がはげしくかきたてられた。ウェーバーは、至急ロシア語をマスターし、多くのロシアの新聞を読んで日々の事件を熱心においかけた。

一九一四年に第一次大戦が勃発すると愛国者として積極的に参加した。だが、五〇歳のウェーバーにとって、中隊の先頭に立って戦地におもむくことはできなかった。そのため、予備陸軍病院委員会の監察将校となったが、ハイデルベルグの予備陸軍病院の整備もまかされた。

一九一五年に軍役をしりぞくと、宗教社会学の研究に没頭した。その間にも戦争はつづいた。とくに、一九一六年二月に強化された無制限潜水艦作戦の結果、アメリカとの断交にいたったが、これがウェーバーを極度に憂慮させた。せまりくる災禍を阻止するために、なしうることを行なった。ウェーバーは意見書をしたためたが、これが諸政党指導者にわたされ、無制限潜水艦作戦の実行については翌年まで延期された。

ウェーバーは、とくにイギリスとの協調を主張した。人口増大の圧力とロシア農民の土地への渇望によって生ずる脅威が、国民的権力国家としてのドイツの存在に向けられた唯一の脅威と考えたからである。イギリスは海外貿易を、フランスは土地をうばうかもしれないが、勝利をえたロシアは、ドイツの独立と文化をおびやかすとウェーバーは考えた。

ウェーバーは、本当の戦争の原因をドイツの権力国家への発展にみた。ドイツが、権力国家として組織された国民となったのは、虚栄心からではなく、歴史にたいするドイツの責任のゆえだからである。それは、ロシアやアングロサクソン勢力が、全世界をおおいつくすことに反対して立ち上がることである。

ウェーバーは、たえず政治的な激情に突き動かされており、学問的な著述だけに集中することには耐えられなかった。

一九一七年のはじめから、フランクフルト新聞の紙上で論陣をはり、政治教育者として活動した。戦争が長引けば長引くほど、官僚支配の打破、選挙制度と議会の改革、国家制度の民主化という国内新秩序の構築がせまられたからである。一九一八年にウェーバーは、ベルサイユ条約調印交渉団の一員にもくわわった。

一九一九年にミュンヘン大学に赴任したが、ハイデルベルク大学から多数の学生がウェーバーを慕ってうつってきた。二〇年には、ある事件をきっかけに右翼学生が反ウェーバーデモを行なった。

こうして、一九二〇年六月一四日、ウェーバーは、急性肺炎でこの世を去った。五六年の波乱万丈の生涯であった。

著者略歴
相沢　幸悦（あいざわ・こうえつ）
1950年　秋田県生まれ
1978年　法政大学経済学部卒業
1986年　慶應義塾大学大学院経済学研究科博士課程修了
（財）日本証券経済研究所主任研究員
長崎大学経済学部教授を経て
現　在　埼玉大学経済学部教授（経済学博士）

主要著書
『平成大不況—長期化の要因と終息の条件—』ミネルヴァ書房、2001年
『現代資本主義の構造改革—危機をいかに克服するか』ミネルヴァ書房、2002年
『日本経済再生論—ドイツの生き方に学ぶ』同文舘出版、2003年
『アメリカ依存経済からの脱却』NHKブックス、2005年
『品位ある資本主義』平凡社新書、2006年
『反市場原理主義の経済学』日本評論社、2006年
『平成金融恐慌史』ミネルヴァ書房、2006年

現代経済と資本主義の精神
マックス・ウェーバーから現代を読む

2007年8月20日　第1版第1刷　　定価2800円＋税

著者　相沢幸悦 ©
発行人　相良景行
発行所　㈲時潮社

〒174-0063　東京都板橋区前野町4-62-15
電　話　03-5915-9046
FAX　03-5970-4030
郵便振替　00190-7-741179 時潮社
URL　http://www.jichosha.jp
E-mail kikaku@jichosha.jp

印刷・相良整版印刷　**製本**・武蔵製本

乱丁本・落丁本はお取り替えします。
ISBN978-4-7888-0618-4